跑赢不确定的未来

Beat The Uncertain Future

阿尔法工场 著

人民东方出版传媒
東方出版社

推荐序　不确定未来的投资之道

华商基金副总经理、量化投资部总经理
梁永强

过去两年，阿尔法工场书院举办了多次群友投资思想交流活动，各位达人都无私地与大家分享了投资方面的宝贵实践经验，从各个角度阐释了什么是投资，给了大家很好的启迪和借鉴。

如果要总结这些宝贵经验的共性，用一句话说：投资就是在时代发展特征中定义自己。

理解和把握时代发展特征是做好投资的基础。时代发展所反映的是社会需求演化的过程，人类的基本需求比如吃穿住行等物质需求、娱乐认同尊重等精神需求、安全需求等等，自古都没有多大的变化，但随着社会环境的变化和产业工具的发展，满足匹配这些需求的方式永远在变。这些变化导致了各类行业的兴起和衰落，而对某种需求匹配程度的变化导致了某些行业的产生、成长、成熟和衰亡，这个过程基本上决定了社会各类资源的配置过程。

资本市场配置社会资源的本原从来未变，但根据时代阶段特征的变化，资源配置的层次和重点永远在变。作为理解这种配置过程变化的工具，宏观分析侧重于研究大类资产的配置变化，策略分析侧重于研究行业和产业方向的配置变化，行业公司分析则重点研究行业内部资源在各公司间的配置变化，而量化和技术分析等则直接对可能影响资源流向的情绪、资金和空间因素进行研究。

这些工具从不同角度对市场配置资源的本原进行演示，运用这些工具有助于我们加强对市场的认识。但各个工具又有各自优劣，因此，对于工具的执着往往也会成为理解市场变化的障碍。

人类贪婪、恐惧的本性亘古未变，但演绎人性的工具不断在变，资产价格就是人性的深刻反映。远如英国南海股票泡沫、荷兰郁金香泡沫，近如美国科网泡沫，无不深刻演绎了人性，最近国内发生的股灾更是如此。互联网使信息的传递即时化，杠杆更是人性放大的工具，这两大特点让人性演绎得更加淋漓尽致。对人性的理解形成了诸如投资与投机、价值与价格的差别，也决定了投资者对于自己的定位，这个定位决定了投资人在市场中生存的长度和质量。

理解了这些，同时又能够给自己一个清晰的定位的话，我们就会明白，投资无非是一种生活。生活方式千差万别，既没有对错也没有优劣，只是真正适合自己而已。

投资既是果，也是因，仅此而已。

序言

2012 年 9 月，马化腾在当年的互联网大会上宣布微信注册用户将很快达到两亿时，没有多少人意识到这个小小的软件将把中国互联网迅速拉入移动互联网的大潮中去，那时人们更习惯没事的时候去新浪微博看看大 V，顺便说上几句不痛不痒的话。

当时我还在一家体制内的杂志社里做执行主编。由于工作的原因，纸媒的从业人员普遍对互联网带来的冲击感受更敏感、直接。给记者开编前会，我常开的一个玩笑是，“媒体天天关注互联网对传统产业的替代，结果第一个被替代的传统产业就是媒体”。

对于微信，我当时的判断是：第一，基于 QQ 足够大的用户基础，加上张小龙的产品能力，微信会成为未来移动互联网的主要入口之一；第二，微信会取代微博成为新的社交平台；第三，微信公众平台是一个开放平台，而且具备实时互动的功能。

有了这三个判断，我隐约感到，可以通过微信搭建一个方便金融从业人员交流的移动平台。之前的社交工具，比如微博，更强调"广场效应"，显然并不适合金融行业这种既需要开放又需要封闭的圈层。

阿尔法工场的第一组文章在2013年3月21日发出。第一篇是招商证券宏观经济研究部主管谢亚轩推荐的《塞浦路斯背后的大麻烦》，第二篇是我推荐的《放诸古今皆准的权力规则》。按现在流行的话说，由于"抓到了风口"，短短几天内，阿尔法工场公众号的订阅用户数就超过了一万。

人数增长上去后，我们开始有意识地通过微信公众号后台邀请用户加入线上的群。那时候，微信群还不像现在这样普遍，大家进群后都很兴奋，经常是天南海北地聊到深夜。

作为运营者，我们也被移动互联网"线上线下合一"所带来的社交大爆发所深深震撼。先是一个群，后来随着用户的增加，一直增加到了二十多个群。

群里的人多了，我们开始鼓励大家给我们分享好的文章，再用阿尔法工场的公众号发出去，再使用公众号的后台吸引更多的用户进来。这种人人参与、人人受益的互联网模式，直到今天仍是阿尔法工场所秉承的运营精神。

微信有个特点，大多数信息都是即时和碎片化的，也符合其即时通信工具的特征。这个特点对大多数人来说影响并不大，但对于从事投资的人士来说，有效信息很难沉淀也很难聚集起来。有些朋友选择晚上睡觉前把群里的内容和朋友圈都浏览一遍，这样既节约了时间又获取了信息。但随着微信上的信息越来越多，我们已经很难从中识别出有效的信息来。况且，看到感兴趣的话题，本来想点评几句，但大家的讨论早都结束了。

为帮助大家更加有效地学习和交流最新的投资话题，我们开始着手搭建新的交流平台——阿尔法工场书院群。我们每周会根据市场动态或大家的要求确定一个主题，邀请行业人士或专家在群里使用语音进行在线分享，分享结束后大家可以提问或者相互再进行交流。整个过程结束后，再由志愿者把精华内容整理成文字发给大家。

第一期的在线分享，沃蓝投资董事长尚国明讲了国企改革与 A

股牛市的逻辑，赛伯乐恒通投资的谢文华谈了他对地产行业的看法。显然，这种类似线上研讨会的模式，既直接、便利，又能迅速聚集全国各地的朋友，因而极大地引发了大家的热情。时空的距离在这一刻，被完美地融合到了一起。

从“光大证券一阳指”到“军工改革”，再从“十八大”到国企改革，在此后几乎每周一次的在线分享中，大家有人脉的介绍人脉，有信息的分享信息，的确做到了人人参与、人人受益。来自不同领域的分享者所带来的新鲜的信息与深刻的逻辑，让所有参与者都受益匪浅，也才诞生了阿尔法工场的这套系列丛书。

率先面世的这本书，主要选取了阿尔法工场书院群嘉宾关于二级市场投资的实战精华。他们其中既有价值投资者，也有主题投资者和技术分析高手；既有私募大佬，也有基金经理和券商分析师。内容虽谈不上“屠龙术”，但至少反映了 A 股主流投资者对市场的认知。

本书出版之际，正好赶上 2015 年 A 股“杠杆牛”的大幅调整。惨烈的下跌，让所有参与者都深刻领悟到风险控制的重要性，也让大家体会到市场的反复、无情与人性复杂的一面。说到底，投资不过是一场修炼，一场关乎如何“做人”与投资哲学的修炼。我们希望本书的读者能与阿尔法工场所有的朋友一起，在通往投资“圣杯”的道路上不断修炼前行。

而这，也正是阿尔法工场存在的终极意义。

阿尔法工场　欧阳长征

目录

投资者手册

分析师大讲堂

颠覆时代的军事工业投资逻辑

东方证券研究所军工行业首席研究员
王天一

各位群友，非常高兴有机会跟大家分享我的经验，谢谢阿尔法工场提供这个平台。

首先跟大家分享一下我对军事工业个人投资的一些心得，如果有考虑不周的地方，还请大家指正。

今天我所分享的内容，逻辑上延续了我 2014 年年底以来写的军事工业云图报告。我把它分成三个章节：第一个章节是“炒，大时代”；第二个章节是“战，小时代”；第三个章节是“涅，微时代”。

在讲第一个章节之前，我先给大家讲四个小故事。

第一个小故事。如果你是一个没有犯罪记录的美国公民，大概花两万美金就可以从 Tracking Point 买到一款智能步枪。在

YouTube 上有一段视频，一个大概只有 12 岁的小女孩在该公司销售人员的指导下，就可以轻松击中一公里外很小的目标，达到了一个有过两三年训练基础的狙击手的水平。

这款智能步枪的神奇之处在于，传统的狙击步枪是老式机械步枪，在狙击步枪之上，使用了一块集成电路板。集成电路板被安装在 Tracking Point 步枪的瞄准镜内部，这样就会使狙击成为一个游戏，只要你在瞄准镜里面看到目标，扣动扳机就行了。

最新的情报显示，美国陆军已经采购了六挺 Tracking Point 步枪在军内试验，如果符合美国陆军要求，将会大规模采购。一旦推广之后，在传感器移动计算与传统机械相结合的时代，狙击手会像坦克出现之后的骑兵一样消失。

我的第一个小故事讲的是，信息化技术对传统武器化腐朽为神奇的一个小的缩影。

第二个小故事讲的是信息化技术的另外一面。就像任何事物都是双刃剑，信息化技术也不是万事大吉，特别是对我们投资人来讲，既有好处，又有坏处。坏处，比如说洛克希德·马丁公司，2013 年以来它编写的代码已经超过微软，从某种意义上来说，它既是全世界最大的军火商，又是软件公司。

它为什么要写这么多代码？是因为现代武器系统已经严重依赖信息化技术。带来的负面因素就是造价比较贵。例如F-35的飞行员头盔，造价就高达200万美元。

第三个小故事讲的是，美国开发了一个新的技术，这种技术你可以把它理解为一个超大的微波炉。它虽然不能置人于死地，但是在几百米之外可以形成一个直径达两米的微波束，在两米之内，人们就像在微波炉里面一样。它可以满足很多特种作战需求，像反暴、反狙击作战。

最后一个小故事，我个人感觉是在信息化时代里最有趣的一个事情。在波音公司主页上可以看到一段视频，讲的是波音公司在2012年年底进行的电磁脉冲实验。视频里波音公司用无人机投了一个飞行器，这个飞行器在外观上和导弹很像，但是没有战斗部。这个飞行器在飞到目标区域的时候就发射电磁脉冲，导致七个实验目标区域内所有电子设备永久性的损坏，甚至连记录实验的相机都瘫痪了。

最后一个小故事是非常震撼的。在海湾战争之后，中国人发现信息化战争完全颠覆了传统机械战争的守则，开始在信息化设备上加大了投入，根据国防预算我初步估算了一下，考虑通货膨胀在内，我们现在沉淀在 200 万解放军中的硬件设备已经达到 10 万亿元人民币。但这 10 万亿元的军事资产，面临一个非常危险的情况：一旦电磁化战争来临，比如电磁脉冲攻击大规模普及，就有可能使我们的 10 万亿元资产在战场上瞬间为零。

之所以讲这四个小故事，我是想从四个侧面给大家描述一个宏观的场景。我个人认为在过去几千年里，军事工业都处于以硬杀伤为宗旨的时代，但今天这个时代被信息化技术颠覆了，它不但颠覆了作战模式、军事装备，当然也改变了军事工业。

炒，大时代

在这个时代，军事投资的核心是在复杂的电磁环境下，信息化、体系化的作战能力。这句话听起来很官方，但我个人觉得它最精辟地概括了未来军事工业投资的核心。顺着这个投资思路，在一个大时代里，军事工业投资需要注意三点：

第一，我们投资的领域是传感器、电磁脉冲、智能决策等围绕信息化细分的市场。

第二，不是所有的细分市场都是增长的。就像前面我讲的第二个小故事，它消耗的资源和财富都是成几何级数增长的，会导致机械化投资减少。这是一个此消彼长的过程，不是大家都会受益。

第三，未来，技术威慑将作为人类战争的一种形态，取代冷战时代的装备威慑。

在大时代里，我前面讲的投资准则放之四海而皆准。当然，中国有自己的历史阶段，中国军事能力建设的重点是平台向系统过渡，单体向体系过渡。这也是习近平总书记在党的十八届三中全会里围绕军事所讲的重点。

我解释一下，为什么信息化和机械化的投资是此消彼长的。举一个例子，美国前后三代主力战斗机对军事工业投资的影响。美国第二代主力战斗机是F-4，它的造价是200万美金，生产了大约5000架；美国第三代主力战斗机是F-15，它的造价是2000万到3000万美金，生产了大约1000多架，装备美国和整个北约；第四代主力战斗机是F-22，它的造价是1.4亿美金，如果把前期研发费用也加上，它的造价会达到3.4亿美金，全美也就180多架。

信息化导致单体造价的升高，整个军事工业的投资，在物理数量上看是下滑的。如果在50年前，一个军事工业企业以生产军用飞机结构机体为主，那我们会看到在过去的五年，它的订单数量是急剧下滑的。像洛克希德·马丁公司和波音公司，大量收购以信息化为主导的中小企业，来减少物理生产数量下滑带来的冲击。

还有一组数据是比较有趣的，可以用来说明为什么我认为技术威慑将取代装备威慑。在过去八年间，美国的国防预算下滑了40%～50%，而研发费用只下滑了20%～30%：美国装备采购费用从1826亿美金下滑到906亿美金，而同期研发费用从811亿美金下滑到633亿美金。在国防预算削减背景下，美国是首先确保研发投入。

另外，在整个美国国防预算报告中，有一个亮点是美国的国防预先研究计划局的预算是上涨的。而互联网、卫星导航技术等都出自此局。这也说明未来战争博弈将越来越依赖于技术。

以上讲的，总结下来有三点。一是围绕信息化为标的投资；二是过于偏重机械化的投资是要规避的；三是不能一味地认为所有装备都是大批量列装的，未来我们的投资会集中在高科技领域，批量列装的情况反而不会常见。

战，小时代

第二个章节是战。之所以叫战，是因为我觉得军事工业投资有两个主要逻辑。一是军事是为政治服务的，二是军事工业是为军事投资服务的。那么未来我们国家可能会面临什么样的战争形态，就决定了我们国家有什么样的军事工业投资。

我个人认为，中国的军事工业还处于小时代，当然这是相对于上百年的大时代讲的，这中间的小调整都是进入的机会。为什么这么讲，因为军事是为政治服务的，中国现在正处于奋发有为的大的政治周期里面。

之所以说奋发有为，是取自习总书记在2013年下半年一次关于周边外交的会议上，提出要更加推进奋发有为的外交。包括现在热议的中国的韬光养晦战略意味着什么，中国到底为什么要这么做。

在美国情报机构递交给美国政府的报告中，我们可以看到一个很多次被引用的数据，就是中国在2030年至2040年之间，综合国力将超过美国。从海外的这些报告分析来看，中国目前正在进行的韬光养晦战略的有效性，已经不会被我们的竞争对手采纳了。通俗点儿来说，就是他们不信了。

不韬光养晦了，要准备将来可能做老大了，就只能奋发有为吗？我的结论是，是的。我想最高层如果要制定未来中国战略的话，一定会借鉴历史中大国博弈的案例。

过去 50 年，实力跟美国均衡或略微弱于美国，或能够跟美国平起平坐的国家，就是苏联或者俄罗斯。苏美冷战史是一部非常有意义的教材。研究苏美冷战史，我们会看到很多非常有意思的情况。勃列日涅夫和尼克松，里根和戈尔巴乔夫，都曾经有过“蜜月期”，但是到他们执政的后期，双边关系基本上都走向了破裂。

这里面有一点共性的原因，就是一开始都是苏联（俄罗斯）领导人先伸出橄榄枝，不一定说是示好，但至少是想缓和与美国之间的关系。但过一段时间之后发现，美国在外交上并没有同等的回报，于是他们就转而强势。

大家可能还记得，在“9 · 11”之后，第一个给小布什打电话慰问的国家领导人就是普京。但是大家还记不记得，俄罗斯在收回克里米亚之后，普京在议会上发表了一个讲话。核心的意思就是我们过去对美国伸出橄榄枝，但美国对我们做了什么，我们不能一忍再忍当傻瓜，要收回克里米亚。

所以我想说的是，要想获得美国人的尊重，只能靠实力去争取。也就是从对外政策上来讲只能奋发有为，只能进行实际的博弈。我们要思考未来可能会面临什么样的军事博弈，因为军事博弈的准备就代表着军事工业的投资方向。

这里我给大家描述两个潜在的战争场景。通过这两个潜在的战争场景，我们可能会明白中国未来会面临什么样的战争。

第一个场景是把时间拉回 1991 年 8 月 6 日，这天应该被载入人类军事史，是历史上唯一一次弹道导弹核潜艇全基数发射。这一天苏联海军的第四型战略导弹核潜艇以每隔 14 秒的速度连续发射了 16 枚 SS-N-23 潜射洲际弹道导弹，这个弹道导弹上带了 8 枚 25 万当量的分导式核弹头，当然这个试验里是没有核弹头的。它在白令海水下发射，在不到四分钟的时间里，飞越了一万公里，成功地落入了靶场。

我为什么要讲这个演习，因为它是模拟核战争的，如果发生核战争，有十个像纽约这样的大都市就从地球上消失了。所以我想说，大家可能觉得核战争离我们很远，其实这就是我们所面临的典型的两种战争形态之一。

第二个战争形态可能更真实，离我们更近，就是在 2014 年 4 月 10 日，当时乌克兰危机已经爆发。为了显示力量存在，美国把它的载有战斧导弹的唐纳德 · 库克号驱逐舰驶入了黑海。4 月 10 日当天看起来平静无异常，但是载有最先进宙斯盾系统的驱逐舰目标指示雷达突然间出现了抖动，接着出现了黑屏，当时驱逐舰上的水兵几次通过冷启动或热启动，但都失败了。

之后，美国才发现是俄罗斯派出的苏-24电子战飞机低空绕飞进行了电子战，唐纳德·库克号驱逐舰随后紧急驶入了罗马尼亚的港口，而且据海外媒体报道，有27个船员当时就递交了辞呈。

这个事件看起来没有任何硝烟，也没有任何伤亡，但是为什么是现代的战争模式？从美国驱逐舰后面的紧急避走可以看出，一旦宙斯盾系统失灵，要不要把你击沉完全控制在对手手中。仗还没有打，你已经输了。

为什么大家觉得我们国家未来可能会面临这么严重的战争？第一，大国博弈的核心筹码还是核战争，这个是没有办法的。这就是为什么20世纪60年代早期苏美处于撕扯的状态。早期美国和苏联的核弹头和载具是不成比例的，美国大概是苏联的10倍。但是到了60年代的末期，差不多是以1968年为分水岭，苏联的核弹头以及载具的数量基本达到了美国的一半，具备了互相摧毁的能力。

这时苏美的关系产生倾斜，进入了美国防守、苏联进攻的阶段。所以核力量永远是大国博弈中最核心的一张牌，就像我们玩“斗地主”游戏一样，单牌再大，也抵不过一个“炸弹”。

另外我再给大家报告一个情况，就是我们国家被美国和苏联威胁过使用核武器打击，而且是世界上被威胁使用核打击次数最多的国家。我们国家也从来没有放松过对核力量的建设。当然，核力量的建设是非常隐秘的，只是时不时在很敏感的窗口亮一下相。我相信在军事建设的版图中，如果把所有的时间、资源、精力集中在一点，那一定是核力量的建设。

但是对于核力量，大家会说没有投资标的啊。我想情况不是这样的，核力量不是核弹头这么简单，因为核弹头只是最后的打击手段。要使核弹头在对方领土上爆炸，是需要一个庞大的系统来维持的，这里面有很大的投资机会和空间。

我讲两个点，分别是维持空中基地和海上基地核力量的平台。这里为什么没讲陆上基地呢？因为中国承诺不先使用核武器，那中国陆上基地核力量在面对第一次核打击的时候存活概率比较低。

关于空中基地核力量，大家可能在网上看到中国要搞轰 –20。大家知道，一般 10、20 这样整数的型号都是战略型的平台，比如像运 –20、歼 –20、直 –10、歼 –10。或许有人会说轰 –20 怎么怎么样，但是这个非常保密，在这里我们不做揣测。

我们可以从美国来看。美国投了 550 亿美元来研发下一代跨洲际的隐形核轰炸机。那中国需不需要这种轰炸机呢？答案是肯定的。

但是谁有能力生产呢？目前来看，中航飞机股份有限公司（简称“中航飞机”）可能具有这个技术。

最近我们看到运 -20 进行了低空试飞，按照这个项目曝光的情况来看，我们推测 2015 年会有小批量的列装。以运 -20 为平台的一系列的巡逻机、运输机、预警机甚至还会有部分技术移植到轰炸机上，它会带来很大的投资机会。因为空军要建立攻防一体的战略力量，强化攻击性。

这方面可以与美国空军做一个对比，美国十架飞机里面有五架大飞机，而我们十架飞机里面只有一架大飞机。实际上我觉得中航飞机是空军的投资标的，如果要真正建立强大的空军，那中航飞机会有一个很大的利润。

接下来讲海上基地。大家会觉得核潜艇没有进入中国重工，唯独把核潜艇放到了外面。这就是前面我讲的核力量的有效性，不是简单地靠核弹头和平台。现在面临的问题是，我们的核潜艇发现自己经常被美国加利福尼亚号攻击型核潜艇跟踪。这是什么原因呢？大家知道一旦遭到核打击，第二轮核反击最可靠的平台就是核潜艇。所以在大国核博弈中，核潜艇的生存是最关键的问题。对手想把你的核反击力量消灭掉，采取的就是篮球比赛中的“人盯人战术”。

比如说，美国在太平洋地区有八艘弗吉尼亚级攻击型核潜艇，他们天天在青岛或海南的核潜艇基地门口转悠——看到进去一艘，我就在门口蹲着，等你出去我就跟着。

参照苏美冷战，什么是进行反潜艇作战的最核心手段呢，就是在海底铺设水听器的网络。这个项目美国到今天都没有彻底成功，在不考虑通货膨胀的情况下，美国已经花费了将近 200 亿美元。美国已经在西大西洋、太平洋以及美国西海岸铺设了水听器网络。

有一个著名的案例就是，苏联的潜艇因为蓄电池爆炸沉没在太平洋底部。苏联人找不到它在哪儿，但美国依靠铺设的水听器网络找到了，并偷偷打捞。这把苏联人惹急了，苏联发布了一个军事演习的条例，大概意思是说我们在这地方进行军事演习，只要发现任何国家的船只或潜艇，就可以无条件地击沉，最后才迫使美国放弃对苏联核潜艇的打捞。

所以只要是涉及这些相关领域，投资机会都是不错的，大家可以从中核苏阀科技实业股份有限公司（简称“中核科技”）增发的一些材料上看到蛛丝马迹。

前面讲的是战略型的核投资，下面是讲常规领域的投资。我们可能会面临一场像俄罗斯和美国在黑海上空进行的电子战，这个投资标的就比较宽了。

关于信息化领域我有两点认识：第一，我认为信息化投资在未来是趋于集中的，现在的央企龙头在未来市场的占有率会进一步提升。第二，我对小企业的看法并不非常乐观，因为在未来信息化是自下而上的，会基于标准化、通用化，大的平台会越来越好。

这里面信息化标的就很多，包括雷达的、光电探测的、制导的等等，都可以算在这里面。比如说像四川九洲电器集团有限责任公司、中航航空电子有限公司、上海国微科技有限公司，都跟这些领域相关。这里的相关标的会相对较多，后面我会找几个再重点讲一下。

涅，微时代

最后一个章节就是涅。关于这个微时代，我想说两句话：这是一个颠覆的年代，这也是一个癫狂的年代。颠覆是产业的，癫狂是投资的，这些都是一些很有趣的事情。

为什么说是颠覆的呢？大家在现在这个时点上，不能只站在军事工业投资这边去看，国家现在要推动军事工业发展，可能真的不仅仅是为军事或者战争而服务的。

我们看到一个现象，就是以美国、欧洲为代表，大家都想发动第三次工业革命，这个在德国叫工业4.0，我们叫工业与信息化的深度融合，美国叫再工业化。那么大潮里的核心是什么呢？我觉得核心的目标就是把大的、复杂的系统开发和研制周期缩短，向集成电路，也就是IC产业靠拢。简单来讲就是想让摩尔定律不再仅适用于电子行业，而将适用于更多的产业，像宇航等其他复杂的大系统行业。

为了达到这一目的，美国其实已经看得很清楚了。他们是以美国国防部高级研究计划局发起的“加快自适应车辆制造”（AVM）计划为先导，在尝试怎么进行第三次工业革命。刚才说的这个项目里面涉及的很多理念非常先进，也非常专业，如果大家对第三次工业革命非常感兴趣的话，一定要去看一下AVM这个项目。

因为如果这个项目成功了，就意味着美国在第三次工业革命里面已经率先成功了。这个带来的变化是什么呢？第一个就是它打破了设计、制造、测试、再设计，这一人类到目前为止的系统制造的传统流程。过去50年发生在集成电路装备制造业里的事情，也会发生在其他的制造业里面。

那么，集成电路装备制造业里发生了什么呢？过去50年，集成电路装备制造业成本的复合增长率基本上是0，宇航制造业是8%～12%，而汽车制造业大概是4%。我举个简单的例子，从某些层面来说，美国造坦克跟小孩子用乐高搭一个模型是差不多的。所以美国不仅是军事工业，包括其他制造业都跟世界上所有其他国家拉开了一代的差距。

如果中国不在第三次工业革命中占据优势的话，那么大概在未来100年中民族复兴就会成为泡影。所以我想为什么习总书记在各种场合反复把“民参军，民转军”作为一个非常重要的主题来讲，确实他眼中所看到的不是我们一般看到的所谓要发展军事工业，或者让军事工业企业日子过得更好。他已经看到了美国在以军事工业为先导，引领第三次工业革命。如果我们不以军民融合为手段的话，我们可能就要丧失民族复兴的最后一次机会。

那么，这里就引出又一个线索，就是“民参军”，或者说军民融合。我这里有一个新的观点，以前民参军的选择主要是以技术为导向的，哪个军事工业企业的技术好，那么哪个就会成为不错的标的，但是我个人觉得在现在这个时代，选股的思路可能要变。

为什么这么说呢？大家看到2014年9月2日有一个在河南洛阳的民营企业，当时高管有一个人事任命的变化，是把中国船舶重工集团下属的中国船舶重工股份有限公司（简称“中国重工”）的总工程师挖过来当总经理。这样一个级别的人辞职不干，跑到一个民营企业来当总经理，这个事情在以前我觉得是很难想象的。

为什么这件事发生了，我觉得这可能是大时代的一个缩影。最近 20 年，中国的经济结构是改革开放加人口红利，而未来 20 年，中国经济的红利来源于哪儿呢？我觉得应该是两个方面，一个是深化改革，还有一个是人才红利。

人才红利怎么讲？就是在反腐、降薪、“讲四风”的大背景下，像这样有技术、有资源、有人脉、有能力的一批体系内的高级人才逐渐转向民营企业，给民营企业带来资本的极大的一个利好，使一些民营企业可能会有快速的发展。

这个也导致投资上的变化。以前我们投资可能看重技术，那么现在投资我们可能更看重有没有出色的管理能力，以及有没有足够的资本空间和杠杆。

顺着这个思路找，我觉得有一些标的就非常好了，比如说像利君股份这种股票。第一，这个公司在以前的业务模式里证明了自己是个有出色管理能力的团队；第二，公司有 15 亿元人民币的现金在手上。所以民参军的这个选股思路肯定是有很大的变化。

另外，就是军事工业投资肯定不能不讲重组，重组确实是一个非常好的投资线索。重组中需要注意些什么呢？这里我想讲几个市场认知相对比较少的点。

首先对于债务来说，有两点需要特别注意的。第一，在未来的军事工业投资里面，肯定是此消彼长的过程，并不是说所有军事工业在基本领域都是非常好的，所以一定要看清楚。未来潜在这么多资产，它的可持续增长性是怎么样的，这个决定你注资之后享受的市盈率（PE），未来在很大程度上会影响你的投资收益。

关于第二点我想讲比较重要的两点，一个是净资产收益率（ROE），一个是资产负债率。净资产收益率决定股本增厚和带来利润的一个比例关系。然后为什么资产负债率比较重要呢？因为大家都知道资产注册涉及资产评估的环节，如果资产负债率很高，无论使用资产基础法还是用收益评估法，资产增厚的比例就很容易做得非常高，导致摊薄的情况就会比较严重，未来企业绩效管理（EPM）增厚比较小。所以我觉得 ROE 是越高越好，资产负债率是越低越好。

最后我想讲一个最新的研究想法。大家关注到习总书记的周边外交做得有声有色，我个人感觉这会给很多产业带来全新的变化。比如说有个叫“乌克兰之家”的活动，主要进行中国和乌克兰之间的经济、文化还有产业之间的一些交流。这个大家都心照不宣，重点肯定是在产业，那么是什么产业呢？这个大家也都清楚，可能乌克兰对中国真正有价值的产业就是军事工业。

一旦乌克兰的发动机、雷达、通信、声呐、液体火箭发动机等一系列技术可以被转化，对于中国军事工业的发展来说可能就是平地性的突破。因为我跟一些军事工业里的朋友交流过，其实中国军事工业真正掌握的核心技术还是比较少的。不是说中国军队没有钱，或是不想买你的装备，核心问题还是技术。

所以我觉得如果通过外向型的结合，我们能够获得很大的技术，中国军事工业的发展肯定会加速，甚至在国际市场的竞争力也会获得很大的提升。所以，包括一些空管领域的发展，可能潜在的订单会给相关公司带来意外的惊喜。

一说到炒，其实炒的还是改革，炒的还是国内的军事增长。但是未来随着外向型的资源、外向型市场的开拓，这些都是超预期的，这些我觉得可能是在下一波推动军事工业发展。包括中国北斗卫星导航系统，可能都是一个新的逻辑，一个新的起点。

这也是我最新的想法，我个人在这个位置上，对未来可能会驱动军事工业产业的发展和投资发展的新分析。我讲完了，谢谢大家！

问答

Q：请教怎么看待中国航天科工集团公司（简称“航天科工”）入主闽福发A的标志意义？

A： 我觉得这个事情真的具有跨时代的意义。像央企的军事工业企业，不是以借壳的形式，而是以重组的形式控股一个包含军事工业的企业，而且还是有一定类同相关性的军事工业，这在以前是没有发生过的。

而且，其中注入的资产是有高管持有股权的，所以他也在里面实现了资产的变现和上市。除了国有股之外，他是有高管控制股权的，所以这个运作模式应该算是提出十八大改革之后军事工业股的运作具有创新性的标志之一。

我觉得它代表两方面意义。第一就是这种民营企业如果真的做得不错的话，完全有可能在这种符合所有制大背景的前提下被央企收编。对这种民营企业来说，是非常好的一个发展机遇。因为毕竟军事工业企业有特殊的产业特性，所以背靠大树好乘凉，一旦进入央企的体系，发展跟以前比完全不是一个概念。

第二就是从重组的角度来讲，我们也要小心。比如说航天科工二院，以前只有一个上市平台，就是航天长峰，后来突然又多了一个上市平台，那么从重组的角度来说，这对航天长峰一定不是什么好事。

从重组的角度来说，是不是大股东下属的唯一的上市平台，大股东有没有可能去寻找新的平台运作，我觉得这就是在进行重组的线索当中不得不考虑的一个风险。

Q：怎么看涡扇-18发动机（WS-18）装机试飞对成发科技的意义？

A：成发科技的涡扇 –18 应该说是偏意向工程的一款型号，目的主要是与大型运输机相配套。当然大家也可以从吉林省吉发农业开发集团股份有限公司（证券名称：航空动力）年报里看到，该公司也为运–20 的发动机国产化做了很多努力。当然涡扇–18 基础路线的获得相对比较成熟，所以进度会比较早。

但是这款型号的发动机寿命到底有多长，现在来说不确定因素还是非常多的。因为现在吉发农业开发集团已经明确把整机业务定在内部，所以成发科技由于历史原因留一款整机型号，是不是可持续的，这里还得打一个问号。

当然，我觉得从投资角度来看，成发科技的机会就在于置之死地而后生，如果真的咸鱼翻身，通过涡扇 –18 又获得了整机的机会，那么就又有投资的机会了。但客观地说，从产业规划的布局来看，这种事情肯定也不是儿戏，所以成功的机会也不会特别高。

化工业反转投资攻略

信达证券研究开发中心副总经理、能源化工首席分析师
郭荆璞

大家好，很高兴今天可以和大家在阿尔法工场平台交流分享。

我们主要看好三类投资：周期反转类投资、国资改革、海外油气并购。

周期反转类投资

化工是典型的周期性行业，很多子行业或产品在几年内有很大幅度的波动。这类股票一般是一跌跌五年，一涨涨五倍，可以为投资者带来非常丰厚的回报。化工行业这些年为投资者提供过好几次这样的投资机会。

化工行业里，具备反转的第一个要素就是产能扩张结束，并且行业低迷，开始洗牌。比如，有些企业由于磷矿的刺激，长期停产，人员流失导致其产能无法恢复。目前从行业数据估计，整体仓位大概在60%，但从实际角度看，剩余的40%已经不可能开启了。所以说，我们会花很多精力在周期反转类的产品上。

这类投资的共性是在行业底部的时候，很多企业包括投资人都相当悲观，市场会认为这个行业已经彻底不行了，很多年都不会再有希望了，但其实这是市场情绪过度悲观了。往往这种情况是可以为我们创造超额收益机会的。

我们倾向于在大家都不太注意的东西里寻找投资机会。其中一个很重要的指标就是库存。当一个化工品的库存非常低的时候——因为化工品是非常难以储藏的——往往意味着投资机会的到来。

我们一般会花一段时间去跟踪几个可能有反转投资机会的行业。在市场上寻找产能数据，尽量精确到每一家的产能，对需求进行估算，精确到一年或更短的时间，希望可以找到一个时间点。要具体鉴别出时间点就要靠库存数据，由于信达证券是国内几家大磷肥企业的股东，所以我们有先天条件去接触到磷肥企业的运行状况。关于磷肥，我们看到是可以有持续两到三年的反转机会，因为之前的三到五年，国内的磷肥行业是有很大的产能扩张的。

有几家大家比较熟的磷肥企业，产能扩张规模都超过了100%。这么大规模的产能扩张会导致上游的话语权逐渐减弱，利用率下滑，企业投资的冲动基本就结束了。产能的扩张在2012年、2013年都表现出来了，到了2014年基本已经没有扩张了，这个情况会延续至2016年，所以在2016年之前基本上是看不到大的企业投产了。

应该讲，这就是周期反转的第一个条件。从需求角度看，磷肥本身是一个需求非常稳定，全球来讲需求增速并不高的产品。它的下游对应的是农业。全球的需求主要来自人口的增长，来自于新兴市场国家对产品的消费。人口对粮食农业作物需求的增加，会导致对磷肥、农药需求的增加。这是供给和需求。

具体到数据上来看，全世界需求增长或下降的变量，其实很大程度来自于印度。印度化肥补贴高的时候，会占政府预算赤字的20%，拖累了政府的预算。莫迪上台后，推行了更加市场化的补贴政策，估计市场化的补贴政策在一定时间之后会对市场有正面影响。

供给和需求合力的作用就会使产业在中期面临较大的投资机会。短期而言，更重要的是库存数据。中国港口2014年的库存比2013年同期下降15%～25%，所以库存是非常低的。

尽管从全行业的开工数据来讲还不算高，但从农村企业的微观开工数据可以看出，进入 2014 年 8 月以后，有些企业已经进入了 120% 的开工水平，这在历史上都是最高的。

我们还能看到的一个政策调整是来自中国。中国以前磷肥使用旺季时，是限制磷肥出口的，关税会非常高；在磷肥淡季时，关税会非常低。这是每年固定的关税调整，在旺季结束进入淡季时，国际市场的磷肥价格会大幅度下降，甚至会超过 20%，这种大幅度下降等于是国际市场赚走了中国的磷肥补贴。

在旺季到来时，产品价格上涨一定会刺激开工，所以我们要观察旺季的开工数据、产出数据。如果 9、10 月份产品价格让企业盈利 200 元以上，企业的产出数据不高或者同比产出数据增量不明显的话，说明其实不存在那么多没有开工的产能，所以工也就开不起来。

国资改革

国资改革有两点动力：一是应对行业融资在中短期一定要提高资本金，这样才能不断借款，等待现金流好转。二是现金流最终的好转一定是依赖于效率的提升。

第一，要让国有资本重估，提高其融资的能力，也要经过长期的效率提升，来提高其获取现金的能力。有些地方的国有企业改革是以私有化、管理层收购（MBO）为最终目标的。

我个人对MBO还是持比较开放的态度的，很多地方的国有企业如果交给管理层，以公平公正公开的方式获取股权，有合适的对价，可以大大提高企业的运营效率。如果这个企业是管理层自己的，那对企业的长远规划一定有利。

中国国有企业有一个很大的问题，就是领导都有一个任期，比如五年一任，那就无法从长远角度来发展企业。所以如果可以进行MBO，个人觉得应该也是好事。

金融机构主要是策划MBO的方案。MBO从本质上讲就是杠杆并购。基于杠杆并购，我们对企业的基本要求就是必须是很好的企业。因为有很大的资金成本，所以只有好企业才有被杠杆并购的价值。

第二就是隐蔽资产。国有企业往往有很丰富的隐蔽资产，包括土地、股权等无形资产，这在报表里可以查到，这是国有企业的丰富宝藏。所以，一般不太可能对央企集团层面进行MBO，大的央企应该通过资产证券化去实现混合所有制，二级市场真正赚的钱应该是来自壳的加强，而不是 MBO。

大家可以将央企下面所有控制的，凡是利用率不太高、有一定壳价值的壳公司全列出来，总有一天它们都会有资产注入。特别是在后面，如果真正有国企运行效率的提升、国有资本回报率的提升，包括国有资本控股基金如果真能实现在不同产业之间的资本配置，都是国有资本带给大家甚至是全世界的大好机会。

第三，中国的国有资本其实估值很低。中国的资本市场、人民币国际化的进程持续下去，如果国有企业真的可以让全世界看到效率的提升，这么低的估值加上这么大的市场，再加上效率的提升，我们可以想象中国以国有企业主导的资本市场指数的上升，会是很可观的。

所以，我个人认为中国资本市场的未来是非常乐观的。中国经济主体还是国有企业，所以国有企业是否能做好，也决定了我们的经济是否能发展好。

第四，在地方的国企改革，实际上受制于地方政府领导人的想法，并不完全归于国务院国资委。地方主要领导人的想法往往决定了国资改革的速度。现在很多央企的壳下面依然还有壳，如果你看到一家上市公司下面壳的相关业务的体量很大，小的上市公司的规模又不大，那么很可能会把这块比较大的业务注进来。

第三和第四的要求是对管理层的。管理层的改革动力必须很大，然后管理层的年资和年薪都要比较高，才有足够的能力和动力去发展改革。

海外油气并购

我个人认为并购市场主要是看收入。前两年传媒和手游是非常火的，连续涨停板，但中国的传媒、手游一年的收入也就是 300 亿～ 400 亿元人民币，如果和油气行业相比，是非常少的收入。

更深层次的原因是和融资成本有关。企业在中国的借款成本是很高的，高利贷利率 12%、13%，房地产的融资成本甚至有 18%。但如果在海外借款，利率可能就只有 3%。但海外并购贷款的利率还是很高的，可能有 15% ～ 20%。

也就是说，仅仅依靠债务的杠杆去做海外并购，在中国的企业可能都是有空间的，因为中国资本市场不太区分并购贷还是项目贷。

另外一个优势是中国的股市回报率可以非常低，中国的二级市场是非常不成熟的市场，在如此不成熟的市场上融资，成本可以非常低。这种融资环境，使得中国企业在能源领域有很大的并购空间。

以前我们总是说国外企业对我们有敌视，不让我们收购好的资产。但现在由于中国的资本力量实在太强，中国的民营资本对海外很多优秀项目的介入已经很深了。

过去几年，中国的能源并购在全世界发展得很快。我们估计在国内国外的资本市场上，对能源领域的估值差异可以大到 5 ～ 10 倍，所以对参与并购的企业来说是一个金矿。对二级市场来说，如果适当挑选标的，回报率也会非常丰厚。所以我们在考虑油气并购的上市标的时，首先要看的是企业的资本运作能力和资本募集能力。

油田领域是典型的做滚动开发的行业，它的特点是企业永远在筹资投资，资本永远都在流动着。比如，很多油井打井的周期不到 20 天，20 天打完井就能喷油了，这和传统的制造业和服务业很不同。

传统制造业可能要花两三年去建产能，一个消费品可能要花很多时间去拓展市场，回报是在很长时间里慢慢积累的。但油气行业完全不同，短期内可以变现，然后用变现的钱再去打下一口井。

像我们接触到的融资项目在 2012 年和 2013 年还是比较正常的，但从 2014 年开始，很多企业在借款还利息，这个现象如果持续下去，对整个金融系统都会有很大的危害，也蕴含着很大的风险。

对油气并购的企业进行分类，有一类是技术型企业。技术型企业并购一般是靠它的技术能力去并购，但其现金流、收入、资产等都处于相对劣势，因为技术型企业的特征都是轻资产型的，它没有一块特别大的资产去做抵押，一开始无法融到很大的资产。它们往往做的是滚动式的开发，滚动式开发的规模是一定的，所以无法做很快的外延式扩张。

我们看好金叶珠宝的原因就是因为它的原主业在进入油气领域以后依然保存，而且主业是黄金。黄金的特征是销售收入很大，现金流很充沛，黄金本身就是钱，这种优势是其他企业很难超越的。

我想讲的主要就是这三方面的内容。周期反转类的投资，我们最推荐的是磷肥；国企改革，我们觉得是未来三年到五年整个资本市场的一个核心方向。油气并购这个领域，我们最看重资本运作能力，和是否拥有一个在其他领域能够提供持续融资能力的业务，这决定了油气并购进展的外延式发展的限度。我们觉得两三年之内可能就会看到，这些现在正在做的上市公司，或者以后要做这个领域的上市公司中，会诞生出上千亿市值的公司来。

问答

Q：请问泰山石油可能被中石化注入销售类资产吗？

A：关于泰山石油我觉得是这样的。市场普遍认为泰山石油的壳太小了，就算现在有 50 亿的市值，但销售公司上市应该有 5000 亿市值，这个确实是相差太大，因此市场普遍认为这个是不可能的。而我不这么看，不是不可能，完全是可以的，只是是否要这样选择的问题。

我个人看法，这个注入是可以做的。现在在法律法规各方面，事实上都没有完全否定的东西，但是泰山石油这个体量可能更适合注入一些边缘化的资产。像润滑油这些盈利能力很强，但是在整个集团未来发展版图中不是特别重要的东西，其实更适合注入泰山石油这个壳里。

我觉得对中石油下面的各个壳，大家都是非常关注的，有没有超额收益现在不太好讲。我倒是建议大家关注中石油这类公司下面的这些壳的情况。

Q：请问煤化工行业是否有前途？

A： 煤化工，分为传统煤化工和新型煤化工。国家是很支持鼓励新型煤化工行业的，包括像煤制油、煤制烯氢、煤制天然气、煤制甲醇这些新型煤化工。

对于传统煤化工，国家的态度一直是不鼓励的。我觉得是因为传统煤化工的污染是比较重的，再加上传统煤化工的产品很多都是过剩的，互相之间的竞争也非常激烈，应该会慢慢地走进一个死胡同。当然传统煤化工还会存在，比方说像煤头尿素，煤往下发展的这些聚氯乙烯行业（PVC）必然会一直存在。

作为投资方向来说，煤头尿素如果不是有特别的工艺路线和成本优势，PVC 如果不是有什么非常强的区位优势，都是没有什么特别好的前途的。但是关于新型煤化工，我的看法是非常有前途的。

在这个背景下，我们看到整个油气并购行业的这种投资机会。从美都控股收购美国的油田开始，中国已经有不下十个企业的上市公司在海外做并购或者准备在海外做并购。我们在这里面看到的投资机会，包括加杠杆的投资机会，也包括在二级市场的投资机会。二级市场的投资机会是在海外收购一块油田，这在国内实际上是有估值溢价的。

类似的事情也发生在传媒和手游里面，就是一个一级市场和二级市场在估值倍数上的差异。但是在能源领域，还有个估值方法的差异，就是在能源市场中一般是用自由现金流来估值。但是在国内市场，我们一般是用市盈率（PE）倍数来估值。

经常有人问我，说做油气并购的公司的专一性是不是核心的因素。我觉得不是。因为并购这个行业专业的眼光固然是很重要，但是在并购领域，你的资本运作的能力同样是非常重要的，而且在很多时候是会超过专业能力的。

因为在并购的领域，你合理安排你的资本结构，合理安排你的时间，合理利用资本市场的估值特点，都能给你带来很大的一个空间。你的资本本身规模也会形成一个很强的壁垒，特别是在能源并购那种规模非常大的市场上。

归根结底，原因其实就是石油天然气产品和煤炭本身的价格之间，有非常大的差距。如果我们用同样的热值标准来看的话，在东北亚这个区域，就我们国家和周边的这几个国家来说，石油和天然气的价格是同等热值煤炭的 8 ~ 10 倍。也就是说，你如果能够把煤炭转变成石油或者天然气、石油化工的其他产品，那便是非常大的一个盈利空间。

对于煤化工来讲，如果能在选址的时候正确处理水资源的保护，注意匹配煤炭、水，匹配运输，匹配副产物的处理，然后在运行过程中注意环保的一些要求，实际上并不会出什么特别大的问题，投资回报也会很好。

但是煤化工行业我们现在能看到的不好解决的核心问题，在于资本投入上。油田这种滚动开发的行业特征就决定了资本在这个行业里面的回报预期，整个过程需要一个非常平稳的流动。

但是我们现在讲的油气并购，要做的是外延式扩张。外延式扩张就要求这个企业，一定在原有的产业或者规模上有很强的筹资能力，要求拥有一块很大的现金流，有一块很大的收入和资产，这三个条件应该是都需要满足的。那么目前看，现有的企业里面最优秀的应该是金叶珠宝。

这大概是这样一个概念，如果你想建一个规模化的、有效益的煤制天然气或者煤制油企业，投资额基本都需要 100 亿元到 300 亿元人民币，不是一个普通的企业就能投得起的，而且能源这个行业一定是讲资产组合的，你不可能简简单单就只投个项目，可能要有一个很大的资产组合，当中，煤化工占一个比较重要的位置。

比如像神华集团，在后期投了这么多东西。这就要求投资煤化工企业的，都是一个投资可能在几百亿上千亿元人民币规模的公司，特别是像国有企业神华集团这种，才能够做得到。

至于说在技术层面上，煤化工其实没有什么特别大的问题。根据很多的煤化工企业在国际上都很成熟的运行情况，我对这个倒是不担心。

Q：请教一下提炼页岩油是否难度大，经验是否成熟？

A：其实油页岩和页岩油是两个东西，我们一般讲的页岩革命指的是页岩油页岩气，并不是辽宁成大正在做的油页岩。油页岩难度确实比较大，从全世界的经验来看，有成功开发的，但是每个矿的情况也不一样。像成大现在在新疆做的项目，从难度、目前的状况来看，都比他们原来在华电那边的情况要好。

像油页岩开发的过程当中，可能我刚才讲的环保跟水的问题都是存在的，在技术上存在的问题并不是特别大。还是那句话，技术上的问题都可以解决，但是你对环保的投入、对水资源获取过程当中的投入，最后你的经济性是不是算得过来账，这个要等稳定运行之后才能够下定论。我觉得从目前的科研等各方面的情况来看，应该是有经济回报的。

第二类企业就是美都控股和原来的正和股份（现在叫洲际油气），它们原来是房地产企业，手中的项目可以变现，也可以拿来融资，那么它就能获得一个初始的资本。这样的企业在最开始做外延式扩张的时候是很有利的，第一笔实际上很容易做，第二笔就要靠从股票市场筹资然后投出去。

也就是说，它的滚动开发要依赖于股票市场造血的能力，或者说这种造血能力并不是内生的，而是来自于这个市场，受市场预期的影响会很大。

而且，我们现在也在关注油气岩一些新的开采技术，包括原位开采技术、油煤混炼这些在新疆或者在国外都在实验的新技术。如果说用在成大的新疆宝明矿区上，成大愿意做而且能够实现的话，可能会改变整个油页岩开发的历史。

所谓原位开采，就是把矿在地下就变成可以抽出来的液态油。这个技术听起来感觉很有意思、很神奇，现在有些小规模的企业已经做得相当不错。原位开采本来是有人在煤炭上面去研究的，就是有的煤层太深了，不适合直接开采，那么就在下面气化它，也就是说开采出来后直接就是气体了。

所以说原位开采技术是适用于煤炭的，但是其他领域不太常见。就煤炭做实验，然后现在就有人要在油页岩上做这个实验。

油煤混炼这个技术就更简单粗暴一些，就是把油页岩从地下开采出来之后，再加上煤炭或者和一部分重油在一起像炼焦一样处理。它的产物有一部分是加氢，也可以提炼出燃料油或者汽柴油，这个技术其实相对来讲也是比较成熟的。

所以，我们现在对油气并购行业的看法可能跟市场上很不一样。我们首先看的并不是技术能力。技术能力是作为并购过程当中一个非常重要的应该拥有的基本技能，但并不是核心的因素。核心的因素是资本运作能力，在拥有了资本运作能力之后，当你挑选标的的时候，实际上也不一定要这个企业具有很强的运营能力。

理论上来讲，你可以直接买油田的权益，把它交给更成熟的运营方去运营。最后只要看这个企业的传统业务，有没有可以支撑它在整个滚动发展的过程当中，做外延式超越发展的能力。这可能是最核心的一个因素。

我觉得从资源上讲，油页岩肯定不如一些地方的原油，或者像我们现在大庆搞的致密油。它是一个能源消耗比较重的能源产品，跟油砂有点像，在开发过程中消耗掉比较多的能源，最后产出的效率肯定比常规能源要差一些。

但是，现在比较高的油价能够支撑这种开发。而且我们自己对油价看法就是，油价不会长期向下走，石油的价格、天然气的价格在全世界范围来讲，可能还会有一定的提升。所以像辽宁成大，现在看起来慢慢地在解决技术上的问题，包括引入新的技术之后，油页岩也会是一个有经济回报的新的能源产品。

Q：化工行业有哪些有潜力的投资标的？

A： 我觉得化工行业有潜力的标的可以这么看，举个例子来说就是乙烯。如果我们按指数化来讲，像中石化这些企业，从石油做成乙烯的成本是 100 的话，那么像美国页岩气和中东的乙烷做成乙烯的成本就是 15，我们国家煤制烯氢的成本可以在 35 到 55 之间。也就是说相对于石油化工来讲，煤化工和美国的页岩气都是有很好的前途的。

但是煤化工也有问题，主要集中在对资源、对水资源、对环境容量的消耗上。水跟煤炭在我们国家资源上是有一个不平衡的匹配的，东边水多但是煤少，西边的煤多但是水少，这个没办法去改变，是自然环境禀赋决定的。但是有一些地方实际上是煤炭和水都很丰富的，比方新疆伊犁，云南、贵州的一些地方，煤炭和水在当地都是很丰富的，在这些地方开展煤化工，在资源禀赋上没有特别大的问题。

再来说环保，环保的问题其实都是可以用钱来解决的。我们煤化工遇到的环保问题，大多数其实都是出在了投资的时候偷工减料，在运行过程当中各种跑冒滴漏。如果一个企业完全按照初始的环评来投资，后面也按照国家的要求，按照一个有责任感的企业来要求自己的话，环保不应该出什么特别大的问题。环保出问题的化工企业，往往都是有各种各样节约成本的举动。

化工这个行业，你往往要在行情低点的时候进去，行情高点的时候撤退，这样才会有比较好的回报。其实讲到潜力这个事情，我们很多时候只能从企业模式、业务模式、人员、所处的行业来讲，没有完全从企业本身的角度来看。其实潜力更该看管理层的思路。

我觉得，从国家目前对能源产品和对化工产品的定价来看，特别是越来越市场化的定价体系下，煤化工是有很好的发展前景的，这是我对煤化工的一个大体的看法。如果更细致地说，实际上煤化工是很抽象的，可能相隔 50 多米的不同项目，因为煤质的不同，都是在具体项目运行或者说在建设当中才会看到一些问题，确实不能一概而论。煤化工这个行业的投资标的的选择，是比较复杂也比较考验综合能力的。

像青海盐湖这种就属于躺在金矿上。其实管理层只要不乱来就能够赚很多钱，这种也是一种潜力吧。长期来看，其他的有很大增长潜力的公司肯定还有，但是现在可能不是特别成熟。

而且，化工行业有潜力这个事，我觉得应该分两方面讲。一个是所谓周期反转类的，像磷肥这种，我们能看到有周期反转机会的，并不是那种长期增长的标的。可能在一年到两年里，有一个非常明显的上升空间，它也叫一种潜力。

除了刚才讲的磷肥，还有一个是钛白粉。因为钛白粉也是一样，在中国、在全世界有过一轮产能洗牌。中国目前还有一些产能在扩大，这边也担心这些在扩大的产能，但是我们现在看到的半年到一年之内钛白粉的新增产能并不多，所以还是有机会的。

可能反转的还有一个就是有机硅，有机硅现在不确定性更大一些，我们也在等合适的时机去看这个东西。有机硅全世界除了中国，主要有五个企业，其中有一个已经被并购，有两个破产了，那么还能够生存下来的企业肯定会有反转的一天，会有很大的投资机会。

钾肥这个行业长期来讲，我们看到它可能比磷肥还要好。它的产品价格的上升空间、竞争格局各方面的情况是不错的。因为中国企业在这个方面处于比较弱势，全球金融寡头的议价能力更强，而使这个行业具有长期增长的潜力。

Q：我去过察尔汗看盐湖，感觉钾肥的生产成本太低了。反而运费是最大的成本。

A：盐湖钾肥的生产成本大概是每吨 1000 元到 1100 元，送到东部的运费大概是每吨两三百块钱，运费确实是个很大头的东西。但是盐湖的生产成本在全世界来看都是非常低的。

去掉一部分开采时间比较长的矿区，像已经开采三四十年的这种矿，盐湖的生产成本在全世界已经差不多是最低的了，在

20% 左右。未来几年全世界总体的钾肥生产成本还会上升，现在有些大型企业的生产成本已经在每吨 300 美元甚至更高的水平。以现在钾肥的价格来说，就算是全世界的前几大企业都是有亏损的。

医药行业投资三条主线

西南证券医药生物行业首席分析师
朱国广

阿尔法工场的各位群友，大家好，很高兴能与各位共同交流。我们西南证券的研究领域立足西南面向全国，结合自身团队运行结构扁平、反应灵敏的特点，专注于走差异化的路线，专注于寻找产业、行业中的黑马。

对行业的观点

2014 年内医药指数持续走强，主要原因是年底迎来了比较明显的估值切换，因此机构投资者会购买 2015 年估价较低的白马股。同时，2014 年下半年医药工业收入增速相对于上半年有明显提升。对于 2014 年下半年的医药工业收入增速，我们当时预计可达到 17% ~ 19%。

从配置的角度看，2014 年年底到 2015 年年初炒作会逐步结束。随着估值切换，2015 年估值在 100 亿元到 200 亿元人民币的标的值得高度关注，尤其是 2014 年涨幅相对较小的股票应当密切观察。具体股票如海普瑞、益佰制药等等。

我们认为，医药投资应该遵循三条主线：

第一，国企改革带来的红利。改革红利释放期至少会持续两年以上，建议重点关注重庆国企改革，了解国企改革的背景，深刻认识国企改革前的现状。

要了解国家对国企改革的定调和背景。党的十八大明确国企体制改革，完善各类国有企业改革。各部委都在积极配合推进，尤其是混合所有制是 2014 年重点推进的领域。预计将用两年时间取得不同类型的混合所有制成功案例，2020 年基本形成国企股权多元化的格局。

上海、山东都在积极探索改革。值得注意的是，2014 年 4 月重庆推出了较为明确的改革方案，因此我们认为重庆国企改革会走在时代前列。

重庆国资委2014年4月发布国企改革意见稿，提出产权开放促进股权多元化。同时，充分利用境外多层次资本市场同时推进国有企业有条件的整体上市。

整体上市方面，我们认为太极集团在逐步兑现这个预期。同时在未来5年内将有三分之二的企业发展成混合所有制，列出时间和路线，量化考核改革计划表。混合所有制是改革的核心目标，为了达到这一目标可以利用境外和非公有资本，以及发展员工持股计划。具体改革细节预计会在近期推出，未来两年改革会红红火火，由此可见改革路线会逐步明朗。

从主导者的角度看，黄奇帆是“金融市长”，发展与改革眼光独特。我们认为重庆方面的国企改革会有机会走在全国最前列，争当国企改革尖兵。

综合上述，我们认为，近期看，太极集团作为改革先锋具有重大投资价值，投资者应当重点关注其改革过程，对今后进行类似投资积累经验。

第二，医疗服务产业发展的前景。国办40号文出台后，地方细则不断推出，存量的公立医院面临改制机会，增量的医疗服务由社会资本进行补充，放开社会资本进入会倒逼国有公立医院的改革。

我们认为，针对医疗服务改革方面，增量带来了投资机会，比如新建医院的机会。但投资周期长，营运稳定后收益可观。从短期角度看，我们更看中对存量医院的改革。

第三，医药电商O2O。蓝海领域，国家食品药品监督管理总局（CFDA）对网上卖药的相关条例出台，这使市场准入门槛降低，竞争会更加激烈。医药领域发展从国内角度看有三大趋势：一是医药分家；二是药店网上销售；三是处方药网上销售。药企在传统互联网电商领域处于被动地位，而医院电商O2O模式处于敏感阶段。

以上我们分析了行业整体观点和投资所遵循的三条投资主线。

可穿戴医疗设备目前的发展前景是美好的，但缺乏相关的明确可量化、可操作的标的物，以及相关法律法规、技术储备、推广普及。可穿戴医疗设备的安全性、可靠性的衡量，都未得到标准化体系的支持。与可穿戴设备相配套的硬件软件的价格，尚未达到可普及的条件，目前只适合短线概念炒作。

此领域发展与苹果、谷歌等一线厂商的发展态度密切相关。它们是硬件软件供应商，它们产品的性能、设计思路、生产流程、产品定价对整个行业有示范作用。可穿戴医疗设备可以覆盖社会各个阶层，该领域的前景不亚于其他三条投资主线。

个股的深度分析

太极集团（600129）卖壳卖地使得利润恢复到正常水平，即2.5亿元左右。我们认为太极集团整体资产估价为90亿元左右。今年太极集团已启动混合所有制的改制工作。

对投资逻辑的解析，我们的观点与市场主流不一致。

第一，市场主流认为太极的拳头产品较少，但我们认为太极除了藿香正气液，还有吗啡缓释片、通天口服液、布洛芬缓释片、神经节苷脂等市场反响较好的产品。

第二，市场认为太极集团自身管理层改革动机不足，但从宏观角度看，国家要求国企改革，市场同类产品供应公司也可能有变动，故太极集团是面临外部压力的。

医药行业整体反腐与体制改革会释放医药行业的改革红利，通过引进有资源的投资者增强自身的实力，改善公司治理结构降低运营费用，加大研发力度，推出新型拳头产品。

为了响应改革号召，同时通过改制吸收外部资本，夯实公司家底，提升竞争力，扩大市场份额，都是可以用来推动管理层主动进行相关改革的动机。目前其已经开始卖地卖壳，开始了初步变革。

会在2015年引进战略投资者，引进全球前十大医药巨头提升自己的实力。土地和壳的资源顺利出售后，可以获得9亿元人民币左右的现金流，可以偿还银行贷款，盘活自身资产，降低自身运营风险。

我们认为，太极的年净利润应该在3亿元左右。市场认为太极的工业产品主要是藿香正气液，此产品属于低价药，同时是以内部价结算。2014年销量增速40%，太极集团的目标是提价30%左右。

浙江省提出低价药提价30%不需要报备，我们认为浙江省的医药招标模式和扶持本土低价药品生产商的思路可能会推广到全国。同时用于肿瘤晚期镇痛的吗啡缓释片销量增速在30%，其他例如布洛芬缓释片、神经节苷脂等产品在样本医院的销售增速也在30%左右。建议各位高度关注太极集团的工业产品。

太极集团2014年的税后利润约为2.8亿元，我们认为2015年可达到3亿元左右，2016年可以达到3.6亿元左右。目前，太极集团的市值不到60亿元人民币，故我们认为太极的市值被严重低估。60亿元以下的公司给其30倍市盈率是保守估计，故估价至少为90亿元人民币左右。

太极集团2015年上半年启动混合所有制，如引进有实力的医药工业巨头可能会提升其产品竞争力。故太极的未来较为光明，所以我们认为 2015 年的股价很可能会突破 30 元人民币关口。

我们认为推荐的逻辑很明确。第一，卖地卖壳会在短期内极大增加其短期利润，通过资产整体上市增加其业绩，扣税后正常利润会增加到 2.5 亿元到 3 亿元。第二，混合所有制改革会提升其竞争力。第三，太极集团的产品线较为丰富，市场销售增速喜人，有较大的议价空间。

问答

Q：海正药业的发展前景如何？

A： 海正的标的不错，目前而言重点关注海正辉瑞这一块，此板块会有不错前景。近期还会有其他资产上市。每两年海正方面会进行融资，这使得其净资产收益率（ROE）持续下滑。

Q：请教对天坛生物的看法。因为上海莱士的标的市盈率是32倍，天坛生物才25倍，是否存在低估的可能？

A： 从业务结构讲，天坛生物除了血液制品还有疫苗业务。疫苗的价格受到管控，同时天坛生物是国有企业，故目前价位是较为适宜的。上海莱士的标的从目前看，的确不便宜。

Q：红日药业2014年申报的三种填补国内空白的产品，如何看待？

A： 目前处于临床阶段，距离市场化还很早，故估价不宜太高。红日药业的配方颗粒是不错的，此领域的壁垒也是比较高的。

Q：基因测序诊疗应用方面您有什么看法？

A： 这是个不错的方向，但今年以概念小票为主。从仅有的愿景角度看，短期不会有太大的利润，故明年很有可能有明显的转变。

Q：桐君阁在谋划电商领域，如何看待？

A： 我们不做太多的解释。他们从 2013 年就开始做了，天猫店也开业了，但我们认为此领域风险较大，建议关注为主。

Q：运盛地产转型高端医疗，如何看待？

A： 运盛地产业务在逐步剥离，战略转型很明确。运盛开始发力医疗信息化、移动医疗，目前运盛的估值在 30 亿元到 40 亿元之间，我们对这个公司的前景较为看好。

Q：金陵药业的发展前景如何？

A： 医疗服务行业前景看好，尤其是整合存量医院，具有时间短、见效快、风险小的特点。金陵在华东地区有着广泛的市场认同，其所代表的方向值得重点关注。同时，金陵药业的股权结构朝扁平化发展，有国资委下属公司参股。金陵药业在整合公立医院方面有较大动作，依托南京、长三角一带丰富的人才、技术、市场和政策红利，金陵的前景值得看好。

Q：通化东宝前景如何？

A： 通化东宝的治疗糖尿病产品值得看好。糖尿病是终身性疾病，必须持续服药，故市场容量很大。此外，每年糖尿病人的增量是很多的。据调查，50 岁以上的中老年人群中有三分之一的人不同程度地患有糖尿病。

Q：华润双鹤、双鹭药业如何？

A： 这两个底部的药业不能因为它估值低就买。估值低的股票，只是在公司未来两年内有并购预期，或者有竞争力的新药推出的情况下，才值得抄底。

Q：海南海药的人工耳蜗前景如何？

A：对此类产品不应当有太高预期，爆发性增长概率较低。

TMT泡沫期的投资方向

中信建投通信行业首席分析师
武超则

我们的核心推荐，主要分三大板块来梳理。

第一是传统领域，也就是整个通信行业产业升级和转型。第二是新兴领域，核心是移动互联网。之前我们写过一篇文章，当时比较看好三个方向 ：在线教育、移动支付、移动位置服务。第三是泛安全领域，也就是北斗产业。

移动互联网

很多人说 TMT（Telecommunication,Media and Technology，电信、媒体和科技）是泡沫，实际上 TMT、科技行业早期的东西的确是偏泡沫化的。但有些人借助资产也好、产业也好，慢慢把这个泡沫从里到外做实，最终它成为了一个水晶球或者说成为了有实体的泡沫，实际上就已经不是泡沫了。对于整个互联网、移动互联网这两年的快速发展，我们认为不用太过悲观，实际上我个人觉得，这是一个很好的产业趋势。

第一，我个人认为，中国的移动互联网经济从全球视角来看，历史上从来没有任何一个行业能站在这样的一个高度。与美国、韩国、日本等相比，基本上走在了世界的最前面。也有数据显示，中国互联网经济的规模可能是美国的三到四倍，从整个产业的全球横向比较来看，是中国人口红利体现得非常充分的行业。

第二，中国移动互联网的规模可能将是 PC 互联网规模的几倍大。从 2013 年来看，中国 PC 互联网的规模是近万亿元人民币，那么未来移动互联网的规模可能会远远超过此规模。

第三，我们看到很多传统行业的触网，出现了很多借壳、并购，很多人开始担忧，觉得这是不是太虚，或者说是炒作。实际上，很多传统行业叠加互联网以后，产生了一个新行业，而不再是原来的传统行业本身。

互联网只是一个工具。比如说，电商原来是零售行业，后来出现了 PC 淘宝、手机淘宝。我们最后看到，电商是由零售行业演变而来的，但最终规模远远大于原来的零售行业本身的规模，实际上是产生了一个全新的行业。

这种例子非常多，比如说在线旅游。旅游行业发展了这么多年，但当它叠加互联网工具之后，也不再是旅游行业本身，市场规模远远超过传统行业本身。我们会看到越来越多的传统行业触网，虽说初始爆发的是游戏行业，但游戏行业一定不会是移动互联网中规模最大的。传统行业往往都有几千亿元人民币的规模，当它叠加互联网工具之后，往往产生一个全新的行业，市场规模会是非常大的。这是我们对于整个互联网的一个判断，一个最新的认知。

那么具体的投资机会，除了手游，刚才我们主要说了有三个方向：在线教育、移动支付、移动位置服务。当然，除了这些还有很多。比如移动广告、体育、车联网、移动视频、智能医疗等等。但我个人认为，手游不会是整个移动互联网行业中占比高的业务，从一个成熟的市场形态来看也就 10% 左右。

传统上这个行业一直叫 TMT 行业，但现在有个新的提法叫 TIMES。T 是科技，I 是互联网，M 是传统媒体，E 是娱乐，S 是体育。这个是符合时代发展趋势的。TMT 本身是一个迭代非常快的行业，我觉得叫 TMT 是不太准确的。按照 TIMES 这样的思维来划分行业内一些新的业态是比较准确的。

这个行业主要分为两类业务。第一类是游戏、彩票、广告等，我们称之为现金流业务。这类业务本身是用来变现的，是产生利润的。另一类是在线教育、智能医疗、车联网等，称之为非现金流业务。这是需要“烧钱”的业务，目前是看不到利润的。

判断任何一个公司转型也好，并购也好，很多人觉得是一个主题性的。找不到一个长期的投资趋势或者确定性，那么需要从业态上搞清楚，它到底是现金流业务还是非现金流业务。对于现金流业务，比如游戏，我们考察一个标的时对它最简单的要求是利润的高速增长，因为它本身是一个现金流业务。

对此，我个人做了几点总结。首先第一个特点，对于游戏行业，整个市场规模的天花板是比较矮的，这可能与在线教育和医疗会形成一个鲜明的对比。从市场规模来看，手游在 2013 年大概是 100 亿元的市场规模，2014 年是 200 亿元左右。市场规模翻了一倍，但绝对值是增长了 100 亿元，有这么多公司来分这 100 亿元。

与之形成鲜明对比的，比如电商、在线教育、医疗等。电商大概是几千亿元的规模，在线教育 2014 年是 1200 亿元的规模，绝对值已经远远大于手游行业本身。所以游戏行业之所以压力比较大，是因为游戏行业市场本身是比较小众的。

所以，大家判断任何一个移动互联网的业务，首先要看市场规模能有多大，能有多少产值，是否能够支撑起多少个百亿元规模的公司。

第二个特点要看产业链。应该是非常典型的金字塔结构，共三个角色。首先是平台商（腾讯、360、应用宝等），从哪里可以下载游戏就是平台入口；然后就是中间商，比如游戏行业的代理发行等；最后是内容商，就是做游戏开发的，这一部分中小团队居多。从2013年行业内混沌不清的状态，到2014年行业的分层非常清晰，是什么公司就是什么样的角色。

整个行业的估值溢价在逐步消失。比如100元钱充值到游戏中，站在金字塔顶端的平台公司要拿走40元，20元是通道费用、税等坏账，剩下的40元是代理发行商和内容商来瓜分。很多人吃的是一个较小的蛋糕。

如果大家关注腾讯的报表，可以看到游戏高增长背后，这么多A股公司和线下几万家的游戏内容开发商分享的市场规模只有几十亿元。那么几十亿元的市场产值，能够支撑起多少市场上百亿元规模的公司?

所以我们会看到，A 股市场产业链分层非常清晰，整个行业迅速变成红海的现象。但实际上很难支撑起市值过大的公司，因为市场本身可供分享的市值只有这么大。这是游戏行业的第二个特点。

第三个特点是游戏行业很难找到投资的确定性。你可能找到很多条逻辑，分析出这个公司可能明年流水过亿，但最终结果可能这个公司的流水都没有过千万。又或者对于一个公司否定它有很多理由，但可能它开发出一个流水过亿的游戏。所以说，创意性的产业是有非常大的不确定性的，这也是很大的一个投资机会。

还有一个很重要的方面，就是对于现金流业务变现的基础支撑是流量。当一个平台已经形成了流量的聚集，它是这个行业最大的壁垒。也就是说它去开发一个游戏是没有难度、没有门槛的。真正的门槛是流量和用户。互联网公司是有绝对优势的，它的平台可以有一个很高的壁垒，成功率会高于普通的创业者。

大家回过头来想想，彩票行业、广告行业是不是也有这样的特点？我个人认为是的。沿着这个逻辑，我想和大家重点分享一下一些未来的方向，找到一些大的投资机会。

我拿在线教育作为例子。在线教育非常火，之前我在阿尔法工场做过一次分享，当时的题目叫《在线教育风刮起来》，这个风也还真的刮得比较大，我自己也没有想到。

为什么我会看好在线教育这个市场，主要是以下几个逻辑。

首先还是行业。在线教育 2013 年是 900 亿元的市场规模，2014 年是 1200 亿元，2015 年预计是 1600 亿元。行业的复合增速并不快，每年也就是 30% 左右，但是绝对值非常大，已经是过千亿的规模。所以我不担心行业会迅速变成红海，因为市场比较大。

回到传统教育行业，我们会看到，每年的市场规模也是过万亿的，所以线上教育只占到百分之十几的规模，占比非常小。如果按照俞敏洪四六开的说法，那么还有几千亿市场规模的增长，但是它每年不会长得太快。在线教育就像一棵参天大树，而游戏行业就像一棵草。

第二点是产业链。教育行业也是金字塔的产业链结构。首先还是平台。做平台的公司，比如新东方、学而思都做得很好，现在 YY 语音也开始做。但是教育行业的门槛看似很低，实际上非常高。第一体现在投入资本。

教育行业的回报周期是非常长的，任何一个教育行业的东西都需要做三五年甚至十几年，导致教育行业的资本投资的要求很高。

有资金源源不断地投入是成为教育行业平台类公司的第一道关。第一轮洗牌就是洗掉没钱的公司，如果不能持续不断地融资投入进来，可能就会被洗掉。

沿着这个思路说，什么样的公司才能成为教育行业的平台呢？第一类是互联网公司（BAT），第二类是上市公司。这两类公司是有天然优势的。互联网公司有现金流业务，能够把钱源源不断地输送到非现金流业务中，让它成为蓄水池；第二类公司也就是上市公司，因为它拥有一个好的资本融资平台。

我的判断是，未来对于教育行业的平台会越做越开放，而内容商的并购会越来越多。大家可以关注到一些现金流比较好、市值比较大、而 PE 目前比较低的公司，对于标的更有吸引力。大家可以关注中南传媒、凤凰传媒。其中，中南传媒目前的现金流有几十亿元，两百多亿元的市值，11 个亿的利润，估值也比较低。

中间商 A 股公司很多，卖软件的或者卖硬件的，比如华平股份、立思辰等。很多中间商极力地往金字塔顶端（平台商）方向走，但过程中又需要向下渗透。

教育行业一定是以内容为本的。内容商虽然在金字塔的最下方，但在教育行业里实际上是有非常好的持续竞争力的。大家要关注原来是中间商，但现在往内容方向布局走得比较踏实的公司。

个人认为可以关注新南洋，昂立教育在上海地区的中小学教育的业务做得比较扎实。此外，学而思是非常典型的传统线下 K–12 教育机构，但 2014 年网校收入已经占到了总收入的 5% 左右，走出了一条 K–12 往线上的路。

关于未来的在线教育，我觉得是一场中长跑，是一个需要长期去验证的东西。后半程可以关注的有三大方向。第一类是现金流好、市值大、估值低的公司，比如中南传媒、凤凰传媒。第二类是一些从传统行业转型做教育的，但市值比较小，公司执行力比较强、转型方向比较清晰的公司。比如世纪鼎利，这是我们最近重点推荐的公司，它收购了一个做 B2B（Business–to–Business）职业教育的标的，大家可以好好研究一下。

职业教育是我个人比较看好的一个领域，比 K–12 更垂直，盈利模式更清晰，回报周期更短。职业教育今年也会有非常多的政策出来。这个可能是未来更重要的方向。包括一些传统高校转型做职业教育的，一些 A 股上市公司做职业教育的，还是要去关注。

第三类是关于内容商，目前是以传统教育机构为主。大家不要太苛求是线上还是线下。内容商在教育行业是最大的壁垒，这和任何互联网行业都不同，因为这个行业对于价格的敏感度低。实际上对于品牌、口碑等的累积，内容商是需要时间成本的。这里可以关注的是新南洋。

总结来说，对于非现金流业务目前还是需要“烧钱”的业务，首先一点是行业空间够大；第二点是产业链，公司在产业链里是否占有一个重要的位置；第三点是从盈利模式和回报周期上，是否能看到一个比较清晰的验证。

移动支付

移动支付的生态产业链主要是三大块。2014 年大家一起把这个产业链做得很热，不管是银联、运营商体系，还是商业银行及网银体系和第三方支付体系。

沿着这三个“生态圈”，对应的主要有三大投资机会。

第一类是 NFC（Near Field Communication，近距离无线通信技术）产业链，重点推荐恒宝股份。2014 年所作的股权激励，未来两年业绩对赌要求的基数是 70、100，以 2013 年为基准顺延三年业绩将会翻番。目前的估值是 30 倍左右，历史上估值最低 30 倍左右，最高到五六十倍，而且有非常稳定的转型。

另一个可以重点关注的是硕贝德。业绩上它也将会有一个非常白马的增长，同时也会有 3D 封装、无线充电这一类的业务。

第二类是应用场景类的公司，我们比较看好的有高鸿股份。推荐高鸿股份的核心逻辑是它的传统的充值业务。由于它并购了高阳捷迅，传统的充值业务有非常稳定的由线下向线上的过程，过去线下规模有 3000 亿元左右，如果线上能占到一半就将是 1500 亿元。

如果高鸿股份占到线上的一半就将是 800 亿元的市场规模。2013 年是 100 多亿元，2014 年是 300 多亿元，那将是一个非常大的增长（预期）。

第三类是移动支付安全，目前公司都比较小。大家可以关注恒宝股份。

移动位置服务

基于移动位置的服务一直不温不火，2015 年可能将是风口业务。

基于移动位置的服务主要是三大类标的。第一类是做基础服务的，比如北斗产业；第二类是图商，也就是地图厂商，第三类是终端应用，主要是车联网之类的标的。

在北斗产业这一块，我们做了比较多的研究。2014 年又有军工的大背景。我们预计将会有一个爆发，主要是因为 2013 年年底出了一波订单，按照正常结算周期，2014 年将会有业绩。2014 年新订单也将在三四季度落地。所以大家可以重点关注北斗产业。

对整个北斗产业的划分，最先启动的肯定是国防应用和行业应用。我们主要看好振芯科技、海格通信、中海达。振芯科技也就是原来的国腾电子，弹性最好。海格通信是最白马的。中海达其实应该算基于位置服务，主要做行业应用和大众应用这一块。

我们比较看好四维图新这类公司。这是将来基于位置服务的非常具有创新力和影响力的产品，图商体现出了比较重要的产业链的价值。

最后是终端应用公司。比如车联网，我们看好的是前端和后端。前端是与驾驶安全相关的一些产业，后端主要是硬件做得简单、便宜，但是应用做得比较好玩。比如基于位置的广告、社交等，可能会出现颠覆性的东西。车联网方面我们主要推荐的标的是盛路通信。2014 年刚刚做了并购收了和正电子，前后端业务都有，预计在 2015 年会有不错的表现。

传统行业的转型

我们对整个通信行业的基本产业链的公司进行了划分。大家可以看到有非常多的公司转型，还是需要大家多多关注的。包括2014年的业绩回暖，同时伴随着产业转型升级的公司。我们筛选了一些公司，包括刚才提过的盛路通信、硕贝德、杰赛科技等等，大家可以重点关注一下。

国企改革

电信业的改革在2014年是天时地利最好的一年，因为无论是市场的倒逼，还是政策的上传下达。80家上市公司里有四分之一是国企，总市值占整个板块40%左右，占比非常高。可以重点关注中国电子下面的南京熊猫、深桑达；中电科下面的四创电子、国睿科技、杰赛科技等等。

另外，我重点提一下鹏博士，这个公司需要从长期来看，而不是看它的短期传闻。这个公司宽带的价值、数据中心的价值是被低估的。在整个国企改革的大背景下拥有垄断运营商资源的民营企业，有更好的活力。

2014 年的宽带有 6000 万兆的覆盖，800 万用户的接入，还有两万个机柜 IDC（Internet Data Center，互联网数据中心）的覆盖，这些都是非常好的基础数据。所以这些资源会让它在往互联网转型的过程中得到非常好的支撑。在沪港通之后，是海外资金非常好的配置，具有很好的投资价值。

最后简单回顾一下今天分享的几大块内容。第一大块是移动互联网，我认为移动互联网是未来五到十年整个 TMT 乃至整个 A 股的核心投资机会，大家一定要重视。移动互联网常常处在东边不亮西边亮的状态，所以把握行业细分领域十分有必要。

我们比较看好的几个领域包括在线教育、移动支付、移动位置服务，这些都跟大家做了分享。在线教育主要推荐的是世纪鼎利、新南洋、中南传媒；移动支付主要是恒宝股份、高鸿股份；移动位置服务主要是海格通信、振芯科技、中海达、四维图新、盛路通信，这部分后续竞争力会更强一些。

第二大块是传统行业转型升级。第三大块是国企改革这一块，也会带来一些投资机会，重点建议关注南京熊猫、杰赛科技还有鹏博士。

总之一句话，TMT 行业 2013 年很火，2014 年也很火，是一个迭代非常快的行业。这个行业迎来的是最好的时代也是最坏的时代，对于新入者来说是不断变化着的，这能产生一些新的投资机会，但对于传统行业待得比较久的，而且有一些壁垒的公司来说，也是严峻的挑战。

所以我们需要不断学习和总结这其中的变化。大家要多一些耐心给这些公司，大家都处于快速的学习过程中，没有人天生对这个行业有敏锐的抓取力或创新力，关键在于在转型浪潮中，谁能有好的学习能力和执行能力。

所以，不仅要关注并购信息，更多的需要看它持续的整合能力。而且我判断，这个行业的并购会非常多，不要认为很多并购就是泡沫或者炒作，而是这个产业发展正常的现象。

对于未来一两年的趋势，大家可以关注这个方向。另外国企改革也会带来一些变化。因为这是个资源行业，过去的体制造成过去十年是运营商的红利十年，而未来十年可能是围绕 BAT 展开的互联网企业的辉煌十年。这是一个最好的时代也是最坏的时代，与大家共勉。谢谢大家。

从“新中国”考虑未来投资

民生证券研究院执行院长、首席宏观研究员
管清友

阿尔法工场的各位朋友，大家好，我在这里跟大家分享近期对一些问题的看法。

我想分为四个方面。第一，讲一讲政策问题。第二，讲一下对于经济走势的看法。第三，论持久战。为什么我们觉得亡国论和速胜论都不可取，还是要立足于持久战，抓住结构性牛市的机会。第四，未来投资的方向。主要从产业的角度，把国际上的一些产业发展新趋势，国内产业动向和投资的一些产业给大家捋一捋。

政策问题

政策问题有八个方面。第一是关于降准降息的问题，定向调控仍然是一个主基调。

不管是市场人士还是政府内部专家，对于全面降准降息存在很大的分歧。目前，总的来说支持定向调控仍然是主流。这个和李克强总理在2014年达沃斯论坛上的讲话基调是基本吻合的。

对于温刺激和强刺激的界限在什么地方，其实也没有特别严格的界限，但是大家普遍觉得，如果全面降准降息的话，恐怕调子就变化了。这实际上是有一个预期在里头，目前预期是定向调控、定向宽松，不管有多少争议，这个预期已经形成了。

如果全面降准降息，这个预期会发生很大的变化，我也提醒了这个预期的变化得重视。我们也建议，其实降准降息也可以，因为确实降准降息也不是说转向全面宽松了，但是我们也建议要做好预期引导。

另外，关键是现在全面降准降息的用处其实不是特别大，融资成本的降低靠降息是降不下来的。我们做调研的情况，很多商业银行2014年的信贷额度用不完，主要原因不是商业银行故意不放贷。

虽然有惜贷的成分，更多的还是需求萎缩。企业的惜借情况是非常严重的，这跟整个经济的下滑、投资的谨慎是一脉相承的。

从政府层面来看，我们也觉得政府确实已经对于过去大规模刺激的后遗症有了清醒的认识，认为如果再通过强刺激政策对冲所谓潜在增速的下滑，即使短期有效，中长期负面的影响还是比较大的。“四万亿”应当是一个教训，我们说三期叠加判断，最后一个判断是前期政策消化期，其实主要是针对四万亿来说的。

那么，全面降准降息这个事是不是会发生，至少现在看还没有信号。而且 2014 年很重要的一个指标是就业情况非常好，这也使中央、国务院能够保持定力。

目前，定向调控可能还是一个主基调。尽管定向调控还有很多问题，大家争议很多，我们觉得 5000 亿 SLF（Standing Lending Facility，常设借贷便利）不是一个终点，这种定向调控的做法可能还会有。但具体通过什么方式现在还不好说，央行也没有明确的信号，因为央行货币政策变化多端不透明，很难猜测。

值得注意的一个问题是：由于融资成本高，地方非法集资的情况有所抬头，引起了有关部门的关注。

第二个问题有关 2015 年经济增长的目标。2015 年中国经济增长目标约为7%，总的来说，现在是淡化经济增长目标，强化就业和通胀目标。

另外，最近跟一些朋友，特别是一些智囊机构的朋友在聊，现在大家非常关心的一个问题是美国经济的走势和美国的政策。特别是货币政策的走势，美联储加息到底会在什么时候开始。现在看还不确定，美国可能是影响中国经济政策的一个非常重要的因素，因为我们知道美元已经进入了一个大型的升值周期。

美元进入大型的升值周期在历史上都会对发展中国家、新兴市场国家特别是资本项目开放的新兴市场国家产生非常重大的负面影响。加息周期也往往意味着金融危机的爆发，在以往金融史里比比皆是，拉美国家、东南亚国家都吃过这个亏。

中国实行资本项目管制。尽管现在也在讲开放，总的来讲对中国的直接影响不大，但肯定会有间接影响。

比如，土耳其在很多方面跟中国类似，无论政治架构、经济结构、经济改革，他们特别担心美国推出QE（Quantitative Easing，量化宽松）政策后资本外流。很多与中国有贸易合作关系的新兴经济体国家或发展中国家，他们受到美元升值影响后也会间接影响中国。

第三个问题是关于地产政策。我们在2014年曾预测地产政策会适度放松。普遍的感觉是，以这次房地产松绑为一个契机，把房地产行业去调控化，去工具化，恢复房地产作为一个产业的常态，不再作为一个宏观调控的工具。

所以，2014年年底，央行放松贷款限制，我们觉得不能单看成是一个刺激，而只是让房地产回归常态，取消这种不合理限制。未来保留限购政策的城市，是不是会放开，在现在这种大原则下不是不可以，但取决于地方政府。

总体感觉，十八大后，房地产政策的调控双轨制的思路已经明确，就是市场的归市场，政府的归政府，政府做好保障房、廉租房和棚户区改造，至于商业住宅基本交给市场来调节。

大家也都注意到了一个情况，就是新一届政府成立以来，实际上对房地产政策基本上很少发言。大家觉得很奇怪，其实不奇怪，我觉得是新一届政府更加认清了形势，对这个问题认识得比较清楚，所以轻易不发言。

第四个问题有关银行监管，存贷比调整的可行性。比如说，容忍不良贷款率的攀升，而不是死守所谓的不良贷款率红线；容忍拨备水平的下降，而不是维持一个远高于安全水平的拨备，对于巴塞尔协议Ⅲ的实施，是不是应该缓行，而不是一味要求银行的资本充足率。

存贷比尽快废除这个事，不要等着修改相应的银行法，因为这个是很复杂很慢的进程，但可以以此为突破口，做某一些条款的修改。

第五个问题是关于存款保险制度。实际上，我们曾在 2014 年年中就提出，存款保险制度的方案在当时早已写好，但商业银行、银监会、央行对机构设置、职责划分的问题还存在很大分歧，还需要协调，还需要时间。2015 年 3 月 31 日，国务院正式公布中国《存款保险条例》，并于同年 5 月 1 日起正式实施。

第六个问题，我觉得跟投资有点直接关系，是关于政府着力盘活原来政府性楼堂馆所这些资产。“八项规定”之后，大量的政府性楼堂馆所、招待中心都闲置起来，有关部门正在牵头做方案，希望把这部分资产盘活，做市场化的养老、医疗服务，我觉得大家可以关注一下，特别是做实业投资的朋友。

第七个问题，是地方投融资平台的分类管理。对必须要政府信用担保的平台，还是严控信贷增量，但逐步用债券融资来置换。对于可以市场化运作、资质比较好的平台，实际上逐步剥离它的平台身份，由市场来决定金融资源的配置，不再受平台贷款余额的限制。我们在实际工作中也遇到过，很多平台的融资，特别是一些城投债，收益率和债券评级完全不相匹配。

收益率没有反映风险或信用等级，甚至出现倒挂。对地方投融资平台的管理，财政部也专门发了文，其实是两条腿走路：一个是透明化，政府信用担保的，还是严控。另外逐渐有一部分剥离给市场，这意味着刚性兑付，市场化有可能会被打破。

第八个问题，保障房的提供方式可能有所调整。原来普遍认为到 2015 年要建 3600 万套保障房，但实际上目标很难完成，既然目标已经提出并写到规划里面，可能又得完成。所以不一定通过新建的方式，可能借助很多地方房地产库存比较高，通过政府购买，甚至回购，盘活这些资产，同时也能够提供保障房。

这是我讲的第一个大问题。那么第二个大问题，我来简单谈一谈，我们对经济增长主要经济指标的估计。

经济走势

我们之前总结过四句话：经济是平的，市场是强的，政策是温的，趋势是和的。

工业增加值，2014 年全年规模以上增长 8.3%，较 2013 年的 9.7% 的增速应该是大幅度回落的，逻辑上跟 GDP 的下滑是一致的。但是考虑到工业部门可能更容易受房地产下行的冲击，工业增加值较 2013 年 9.7% 的增长速度来看，下滑速度还是比较快。

2014 年全国固定资产投资增长 15.7%，较 2013 年的 19.6% 是大幅回落的，房地产、制造业和基建放缓都是非常重要的原因。

2014 年全国社会消费品零售总额增长 12%，较 2013 年有所回落，反腐的影响还在延续，房地产销售下滑还会拖累建材、家居、家电的消费。

但是，消费有新的现象。由于互联网的发展，消费的理念、行为发生变化，比如“十一”黄金周，从消费者的角度看，消费是同比下滑的。但实际上，很多消费者都是到国外去消费。另外，原来过节都是旅游、购物，现在的选择不一样。还有一个很重要的原因，在我们的统计体系里，涉及互联网购物的，实际上很多没有被统计进去。

2014 年，我国出口增长 4.9%，2013 年为 7.9%，贸易顺差为 2.35 万亿元人民币。2014 年全球经济呈现复苏，人民币在一季度贬值，出口的真实情况还是比较好的，但是想恢复到过去十年的情况是不可能的。

2014年的GDP增长为7.4%，比2013年7.7%的增速实际上有所回落，一、二季度完成7.4%、7.5%的增长，但由于房地产开发投资的下行，基建下行，导致整个投资下滑趋势明显，出口增量不足，所以三、四季度不如上半年。

通胀不用太担心，2014年全年CPI同比增长2%。全年翘尾因素低于去年，经济偏冷，总需求拉动不足，也是物价上不去的很重要的原因。食品供给端，特别是猪肉还在收缩，猪周期是潜在的物价上涨的压力。

总体来说，2014年的社会融资总量是16.46万亿元人民币，比上年略有回落，基本相当。新增人民币贷款9.78万亿元人民币，比上年略有扩张。M2增速12.2%，也略有回落。

论持久战

第三个大问题，讲一讲论持久战，也主要针对市场进行讨论。我觉得很多机构已经给出了意见，有的观点还特别鲜明，特别吸引眼球。有乐观的，有极度乐观的，有悲观的，也有谨慎的。

相对来讲，我们属于谨慎乐观的态度，也没必要吸引眼球。其实我们一直在讲，市场的特点是牛熊并存，结构分化，总量让于结构，指数让于板块，从经济上盯着总量，从市场上盯着指数。我觉得在经济转型的时候，结构、板块可能更重要。

实际上可以这么说，在今天转型升级、新常态的背景下，宏观经济学更多的应该是结构经济学。

所以，对于市场上的观点，我们简单总结，就是借用毛主席当年写《论持久战》的写法。一种是所谓的速胜论，觉得资本市场的牛市已经来了，应该一鼓作气，毕其功于一役，可赶上一个大牛市了。另一种观点是所谓的亡国论，非常悲观，觉得经济下行，市场没有机会，牛市遥遥无期，结构性牛市也只是一个泡沫而已。

我们觉得这两种观点都不足取。说实话，真正做投资的人，不是特别拘泥于此。只要有赚钱效应，只要有板块，有股票能赚钱，无所谓指数涨与跌，指数一直横在那里，一直有热点，有板块，有个股，大家都会觉得还是很不错的。2014 年一到三季度的情况，其实就是刚刚描述的这种情况，结构性的机会其实非常多。

一方面增速换挡，结构调整，改革转型。这种新常态之下，确实因为结构的变化和改革的预期，带来非常多的机会。大家在市场上也看到了，热点是层出不穷的。

另一方面也注意到，现在产能去化还没结束，债务风险也没释放，外生动力、外需恢复也不是很强劲。在这种环境下讲大牛市可能还需谨慎点，也就是出现了很多分化或者相关性变小的情况。

这提醒我们，观察经济走势、市场走势的视角应该变化。像过去十年那样，根据工业增加值就能推算出 GDP 的增长，根据经济走势就可以推导股指的运行，现在肯定是不行的了。“新常态”的背景还是比较重要的。

这是第三个大问题，关于现在市场怎么看，我觉得还是立足持久战，抓住结构转型的机会，同时不要心急，不要想牛市会像 2005 年到 2007 年那样，我觉得可能性不是很大。

未来投资领域的展望

第四个大问题，我讲一讲我们对未来投资领域，投资的产业的展望，其实可以从多个角度来总结。

第一个维度可以总结为三个字 ：“新、中、国”。

“新”，就是不同于以往，不同于传统，新产业、新业态、新模式。大家这几年也看到了聚美优品的模式，聚美优品在美国上市，投资者很认可，互联网金融如火如荼地发展，还有所谓的小额贷款公司，新的技术，新的商业模式。

举一个例子，大家就清楚了，其实这种商业模式的变化是很重要的。仓储日超市之前是没有的，现在仓储日超市的出现，极大地增加了超市的零售额，这种模式一发生变化，就会带动整个产业链条的变化。

我觉得，未来投资一定要抓住一个“新”字，既有所谓新出现的，完全是新生长的，很多可能是政府监控不到的；也有老树发新芽，传统行业兴起的新的模式，有的是嫁接，有的是并购，进入新的产业。

在这里也提一点，我们投资者，需要从过去挣快钱的思路逐渐转变成学会挣慢钱。

第二个字是“中”，“中”主要是中产阶级。随着中国人口结构、社会结构的变化，中产阶级的崛起应该是一个不可阻挡的趋势。中产阶级作为一个社会的主体结构，它会增加对于服务业的需求，比如教育、医疗、卫生、养老，这些其实都是适用中产阶级的社会需要投资的。

第三个字是“国”，“国”主要是国产化，这个有很大的争议。我们投资者主要看哪些方面能够国产化，哪些企业能够做到国产化。市场之前也有一些热点，比如信息安全这一块，还有去 IOE 这一块。关于国产化我们且不论对与否，对于在信息、军工、高端装备制造、船舶工程这些领域的国产化是一个必然的趋势，这个东西不能靠别人，只能靠自己。所以，“新、中、国”这三个字是一种划分的方法。

第二种划分方法我称之为“三个代表”，这个大家都非常熟悉：代表先进生产力的发展要求，代表先进文化的前进方向，代表最广大人民的根本利益。

之所以选择这三句话，这里我要解释一下。代表先进生产力的发展要求体现在新技术、新标准、新模式，这里我重点解释一下新标准。

举一个例子，我们现在要发展通用航空业，关于通用航空的发展应该很快会有相关的政策出台，我们国家在这块有很大的决心，也是我们未来适应中产阶级社会的一个很重要的产业。

为什么说新标准要和通用航空结合起来？我们现在发展通用航空有很多的障碍，军方和地方都有自己的考虑。一个很重要的问题在于，像北京、天津这样的大城市，用什么样的标准来约束这个产业？不能什么样的小型航空器都上天，这样会带来安全问题，但是谁来牵头制定这个标准？制定什么样的标准？这就是马上要面临的问题，如果说有机构牵头制定这个标准，那么这个产业就会在这个标准下很快发展起来。

但会不会有大型的通用航空企业来牵头做这个标准，这就是一个值得关注的动向。比如陕西阎良的航空城，中航工业在那里有一个大型的基地，类似于这样的一个企业会不会在未来牵头制定标准？如果制定了标准，那么这个行业肯定很快就会发展起来，我们肯定是要关注这些方面的东西。

第二个是代表先进文化的前进方向。这个要看放松管制的许多领域，特别是体现在文化、娱乐这些领域。我经常说一句话：我们很多领域是捧着金碗要饭吃。这些领域解除或者放松管制的话，发展空间是很大的。

一个是新媒体的发展，习总书记提了要求，我们也看了很多传统媒体的转型，也都在发展新媒体。平时我们看到新媒体在招聘的时候机会都特别多，所以放松管制对于大文化产业是非常重要的一个条件，现在很多方面我们放不开，但放开也只是时间问题。

第三个就是代表最广大人民的根本利益。这个得有一个大的市场，广泛参与、资源整合，而且得是消费者主导。大家看看自己手中的微信，这个就是代表最广大人民的利益，而且参与众多，形成极大的规模效应。这一类产业也值得重视。

最后，我给大家提示一下世界产业发生的变化。其实改革开放以来我们有很重要的经验，特别是好好学习欧美发达国家成功的经验。

实际上，美国已经建立了五大创新制造中心，其实中国的创新制造战略已经提出来了，中国科学院已经率先行动了。从历史行动来讲，我们从机械时代、电气时代、电子时代到互联网时代，这些演化是必然的。

那么美国的创新给我们带来哪些启示呢？美国这五大创新中心在 2012 年 10 月建立了国家增材制造业创新中心，核心是做 3D 打印。

2013 年 5 月，美国建立了数字化制造与设计创新中心，隶属于国防部陆军，主要是做先进制造业、智能机器、网络物理安全，可以应用在数字制造。

2013 年 7 月，美国建立了轻量级现代金属制造创新中心，隶属于国防部海军，主要研发铝、钛等轻金属以及高强度钢材，应用在汽车、航空、国防、能源、消费这些行业。

2014年1月，美国建立了下一代电力电子制造创新中心，设立在北卡罗来纳大学，主要是做宽带半导体电力电子技术，应用在军事、航空航天、LED照明等领域。

2014年2月，美国建立了先进复合材料制造业中心，核心技术是先进的纤维增长聚合物复合材料。

我觉得美国这些创新可以给我们很多启示。这涉及我们的一些上市公司，大家可以认真地看一下中国科学院在率先行动计划里提出的五大板块，主要表现在国际科技制高点，载人航天、卫星导航等，还有立足于基础科学与交叉前沿的这些领域，国防科技领域、战略性新兴产业，还有民生产业。

所以，我们要么得从“新、中、国”三个字去考虑未来的投资，要么得从“三个代表”去考虑未来的投资。

以上就是我给大家汇报的情况，经济的预测、论持久战，还有未来我们投资的一些重要的产业和领域，请大家批评指正。

问答

Q：土地流转会有真正的动作吗？

A： 这就看怎么理解大动作了。我觉得土地问题和国企问题是一样的，在意识形态和理论上还没有彻底解决，但是在技术上的做法，包括承包权、经营权、所有权的分离，其实已经在做了。

Q：通用航空放开的时间点能否预测一下？会掀起通用航空机场建设的热潮吗？

A： 我觉得通用航空的发展应该会放开。一旦放开之后，地方建设自己的通用航空设施、培训产业链的积极性是非常高的。

Q：如何把握土地流转相应的投资机会？

A： 我觉得一是储备土地比较多的企业，第二个是确实土地流转权力的地区。事实上这里面的标的物是很多的，我们也做过一些研究。

全球视角下的中国资本市场

招商证券宏观研究主管
谢亚轩

很感谢阿尔法工场这个平台。今天借这个机会，我想介绍一下招商证券宏观研究的最新想法。包括以下三个方面的内容。

第一部分是作为宏观分析师的格林斯潘；第二部分是美联储的加息预期未来会怎么演绎，及其对中国的影响；第三部分我想介绍一下 2014 年招商宏观团队研究的内容和心得体会。我把它总结为一个中心、两个基本推论和两个重要应用。掌握这个，对于梳理人民币汇率、外汇占款，以及从全球视角来看待中国这样的一个资本市场，包括股票和债券市场的走势都会有一个更清晰的理解。

作为宏观分析师的格林斯潘

蒙好友赠阅，我读了前美联储主席格林斯潘的回忆录。读完之后有一些想法，我想结合格林斯潘的回忆录，来谈一下现在的中国经济、资本市场，以及现在的券商宏观经济研究。

我会截取格林斯潘回忆录中三个很有特色的时间段和事例，来谈一下我的感想。

第一个事例，格林斯潘 1957 年一战成名。格林斯潘毕业之后就开始从事宏观研究工作，他真正被大家记住是在 1957 年，成功预测当时美国经济的衰退。之所以能够成功预测，是因为他对于当时美国的支柱产业，也就是钢铁产业，有着深刻的了解和认识。

他和多家钢铁公司都有密切的联系，并且用计量模型把各个公司的产量和库存都做了一个归纳和统计，他掌握了这样一个宏观情况。从他掌握的情况来看，1957 年钢铁的产量还在上升，订单也多，但库存已经非常高了，其实就是销量在边际下降。

这个时候他能很好地把微观、中观和宏观结合起来，他和多个知名的钢铁企业交流了看法，他说未来美国经济会衰退，而且产能会过剩，但做企业的人可能不会认识到这一点。当然，最后的事实证明他的看法是对的。

格林斯潘的一战成名，很好地体现了微观、中观和宏观要结合。此外，还体现了一点，好的宏观研究需要对某一个领域有深刻的认识和稳定的分析框架。

第二个事例，是格林斯潘学而优则仕。1975 年，格林斯潘作为当时的总统经济顾问，进入了福特内阁。在福特内阁的时候，格林斯潘强调了创造性破坏。我们现在知道，里根和撒切尔都因实施私有化而成名，但其实美国的放松管制是从福特政府开始的。格林斯潘也深切地感受到产业更替和放松管制带来的好处。

在这之前，一方面美国是以钢铁制造为支柱产业的，但是很快会面临日本和德国的竞争。而且产业在变化，更轻的铝会替代钢铁。另一方面，由于美国战时和战后实行了很多管制，到了 20 世纪 70 年代随着滞胀的出现，这些管制对美国经济的束缚作用开始显现，所以真正开始放松管制是从福特政府开始的。

此后，出现了格林斯潘强调的创造性破坏。福特政府推出了很多放松管制的措施，当时受到了一些抵制，而且没有立即产生效果。但这些放松管制的措施给十年之后里根时代的 AT&T 的分割以及个人电脑、隔夜快递等新产业的诞生创造了很好的前提条件。后来的华尔街并购潮、美国新经济的出现，以及里根、老布什到克林顿时代的繁荣，其实都是在这个时候打下的基础。

所以说这是很明显的创造性破坏，淘汰旧产业，催生新产业。这一点其实和当前的中国经济很相似，与我们的股票市场也很接近。

在放松管制的时代，股票市场会出现很明显的并购浪潮和新兴产业的诞生。股票市场的优势就在于把闲散的资金聚集起来，投到最有生命力的产业里面。其实现在中国股票市场所谓的结构性牛市，恰恰反映了中国经济的基本情况。这是我从格林斯潘的第二个事例联想到中国的情况。

第三个事例，我叫它格林斯潘的“晚节不保”，当然这个“晚节不保”是要打引号的。在2004年，格林斯潘提出了“利率之谜”这样一个问题。什么是“利率之谜”呢？大家知道格林斯潘领导的美联储在2004年开始加息，2005年年底美国联邦基金利率已经加了150个基点，而美国的十年国债利率反而下降了。他觉得很奇怪，跟过去不一样，于是提出了“利率之谜”。

为什么说“晚节不保”呢？很多人现在是把美国2005年至2007年的房地产泡沫和2007年、2008年的次贷危机的罪过加到格林斯潘的头上，认为是他当时没有有效地收紧货币政策造成的。

我说“晚节不保”是打引号的，是因为我觉得有必要为格林斯潘做一下辩护。一方面格林斯潘 2005 年已经提出了“利率之谜”，也注意到了长期国债利率没有有效上升，这是第一点。他不是没有提出来，而且他给出了解释，其中解释之一是包括中国在内的新兴国家购买美国国债造成的。这时候你能怎么办呢，你能管住中国央行不买吗？货币政策能够影响多少呢？

第二个是货币政策可能能够影响短期的利率，但能否有效地传导到长期利率呢？这一点要客观评判。格林斯潘的思考也为后来的货币政策实践，包括 2008 年的危机救助，以及美联储的 QE，即直接购买美国国债来影响长期利率提供了参考和借鉴。

第三点是人无完人，就是说人不能全知全能。当美国国债市场逐步增加了新的投资者，会对市场产生巨大的系统性影响，这一点事前大家可能难以充分意识到。最近我看 2012 年美联储的一篇研究报告，详细地用数据揭示了外国投资者的参与和“利率之谜”之间的关系。

研究发现在 2000 年之前，外国投资者持有的美国国债是以千亿计的，在美国国债市场中的占比是 10% ~ 15%。但是从 2001 年以后，其占比逐渐上升，到了 2006 年年底占比基本是在 45%。也就是说相当于在格林斯潘这个时代，外国投资者以一个比较快的速度涌入美国国债市场，这其实是对市场有一个系统性改变的。事后当然可以用数据来说明这一点，但是事前要想准确把握是并不容易的。

思考这一事例，我认为对于理解人民币国际化和资本项目可兑换程度不断上升对中国资本市场的影响至关重要，凸显了用全球视角来研究中国经济和中国资本市场的重要性。

以上就是第一部分。关于宏观分析师格林斯潘和他的三个闪光时期，有助于理解中国经济的转型期以及转型期的中国股票市场，通过资本市场上引导资金进行创造性破坏打开新局面，除旧迎新。另外，格林斯潘也强调要从全球视角来看待资本市场和经济的重要性。

关于美联储加息对全球以及中国经济和人民币的影响

从短期来看，美联储的加息预期是主导趋势，这会导致美元的强势，从而影响人民币汇率阶段性走弱，国际资金流入规模的下降。后者的影响2014年在韩国、中国的台湾地区和香港地区、印度以及俄罗斯已经出现了，传递到内地只是时间的问题。

这种情况下，人民币汇率不会持续走强，这是美联储加息预期对人民币短期的影响，而且目前这种影响已经逐步开始了，比如卢布的走弱以及韩国、台湾地区出现的国际资金的外流。

中期则是对2015年的看法，这就要用更加中性和辩证的方法来看美联储加息预期对人民币的影响。为什么我只看2014年四季度人民币汇率承压，而不是看资本持续外流或人民币汇率持续走弱？主要原因还是如何看待美联储退出影响的问题。

2013年8月我们有过一篇相关报告，我的观点是2013年至2015年是美国货币政策回归正常化的过程。不同于持续收紧的政策，是从超宽松状态向正常状态回归的过程，因此对人民币的影响是钟摆式的，就是一个阶段会偏负面，而另一阶段会偏正面。

偏负面的理由就是政策收紧，美元偏强，人民币偏弱，资金回流美国，从新兴市场流出。而偏正面影响的理由可以用两个反证来说明，一个就是更早以前美国在2008年危机之后采取超宽松的货币政策时期，我们人民币也没有持续走强。2010年至2012年，我们也看到资金的外流，所以QE退出也并不是必然会造成人民币的持续走弱。

第二个反证就是，2013年5月，当市场第一次认识到美联储要退出的时候，的确有超调反应，美元非常强，资金从新兴经济外流，新兴经济国家动荡；但到 2014 年 8 月，美国国债利率下行，美元也很弱，新兴经济出现资本流入，QE 并不必然带来持续资本流入，退出并不必然带来持续的负面影响。真正的持续负面影响是在美国货币政策收紧的后期，当利率已经升到高位的时候，这时相对比较危险。

这是我第二部分想谈的内容，短期内美国的加息预期会持续带来负面影响。

招商证券宏观团队对货币政策、人民币汇率、外汇占款以及资本流动的研究

我认为只要理解好“一个中心、两个基本推论和两个应用”，就能基本把握好这条主线。所谓“一个中心”就是 2014 年 3 月 15 日的中国汇率改革。这是理解人民币汇率、外汇占款以及货币政策的中心。

关于两个基本推论，一是汇改的结果是央行退出对外汇市场的日常干预，这会使人民币汇率更加自主，汇率的变动会加大。二是

央行退出对外汇市场的干预，这会使外汇占款进入低速增长的状态。只有正确理解了汇改的意义，才能认清这两个推论。

这两个推论会引出两个实际应用，一个应用是对货币政策而言的。过去中国基础货币的供应主要通过外汇占款，如果预测到2014年的外汇占款会进入低速增长，就可以推论出量化宽松的货币政策，就能理解SLF、再贷款、定向降准等政策工具的使用。所以如果无法判断外汇占款的低增长，是很难推论出央行启用量化宽松货币政策工具的。

第二个应用就是人民币汇率的波动加大之后，汇率的信号作用就更强了。汇率的信号作用一方面可以更加准确清晰地预示经济的变化，另一方面对股票市场的参考作用也更强了。

比如2014年7月，我们判断人民币汇率已经从6月底由弱转强，汇率已经给了很强的信号作用，所以需要重视汇率变化的声音和它的信号作用。

以上就是第三部分“一个中心、两个基本推论和两个应用”。

最后再补充一点是关于我们2014年研究的副产品，就是我们发现人民币国际化后，境外机构持人民币回来投资中国市场所带来的影响。这是我们很重要的研究成果，主要体现在2014年5月29日我们的一篇《中国版“利率之谜”》的报告。

这和我开始提到的格林斯潘提出的美国的“利率之谜”异曲同工，都是关于外国投资者持有一国货币后再投资回该国资本市场所产生的系统影响。如果格林斯潘当时由于数据和理论的原因，无法充分认识到外国投资者的参与对美国国债利率的影响的话，那我们的研究可以走在前面。充分认识到人民币国际化之后，外国投资者用人民币回来买中国国债，对中国市场产生了影响。

这种影响也才刚开始，统计数据显示，外国投资者 2000 年前在美国国债市场的占比是 15%。而到 2014 年 6 月末，境外机构在中国债券市场的占比是 2%，在利率债市场的占比才 4%，这个比例是非常低的，所以未来的空间很大，会随人民币国际化进一步上升。所以，中国版的“利率之谜”非常重要，它站在了趋势的最开始，如果我们早早知道这种趋势，我们就可以充分地把握重视这种变化，充分利用这个趋势。

策略不死，过去已死

中国银河证券首席策略分析师
孙建波

大家好，非常感谢阿尔法工场的邀请。接下来我将讲一下我们对这个大投资时代的策略研究。

投资与宏观经济学有非常相似的地方。记得在大学毕业的那一年，我曾去拜访长江学者刘志军老师，我说：我都已经毕业了，还是不知道什么是宏观经济学。

后来我们曾经谈起，教材中的经济学是某个时代的聪明人总结出的那个时代的规律，而真正的宏观经济学是这些聪明人总结出的这些规律的方法，而非规律本身，因为这些规律只适用于当时的时代。

2008 年之前的 20 多年里面，整个美国除了股市短暂的下跌，大多数时间道琼斯指数一直是向上的，美林投资时钟也是很难真正奏效的。所以我们说，美林投资时钟有一个天然的缺陷，它本身是有一个识别选择的，就像炒股一样，有卖就有买，有做错的就有做对的，本身很难成为一种基本规律。基本规律是易于观察的，而这个模型是不易于观察的。

比如说索罗斯，他是在宏观角度做空去获得成功，并不是得益于各类资产中股票配多少、债券配多少这样的配置方式。

所以整体来说，资产配置实际上只是投资时钟的一个说法。真正的投资应该是在各类投资中选择好的标的。

说到策略，策略研究到底是什么？不是策略研究已死，只是过去的方法已死。有人说，属于策略的巅峰时代是周期理论和投资时钟，现在什么都没了。也有人说，策略研究就是400点和5000点，响亮的口号加上大胆的推荐。这些论调的背后，是对经济学科学性的蔑视。也许，你会说经济学本来就不是科学，投资学更不是科学。

我们认为，策略研究是去寻找适合当时市场研究的一个方法。

20世纪90年代的成功基金经理们风格各异，无论哪种投资风格的人都挣钱了，原因在于那个时代是一个长牛，消费、医药、科技、公用事业都有表现。每一个成功的人，都是在做选择，即选择最好的标的。

在20世纪90年代，无论是债券之王，还是股票之王，成功的原因并非资产配置，而是在他们熟悉的资产里面找到了最好的品种。

美林投资时钟的基本逻辑是基于产能周期的宏观思维的。基于产能周期波动的变化，假定社会没有技术进步，产生了美林投资时钟这一曾被誉为经典的资产配置分析方法。这一逻辑的背后，需要决策者明确知道经济周期所处的阶段。

但实际情况呢？美林自己也没有能够躲避2008年的浩劫。如果我们都能够准确判断宏观周期所处的位置，投资将是多么的简单！如果人人都能判断出周期位置，也能够准确给各类资产合适的定价，那么资产类别更替的时候，谁做买家呢？

记得两年前在一次路演中，一位朋友说，市场不好的时候，我们要做绝对收益；市场好的时候，我们要做相对收益。这是领导的要求。考核也是这么考核的。

我问她：那么，谁来告诉你，何时市场好？又何时市场不好呢？领导说市场好了，咱就都买股票；领导说市场不好了，咱就都买成债券。多简单啊！

我们都会意地笑了。实际上，传统的基于投资时钟的资产配置框架难以突破这个悖论。就像我们猜测大盘点位一样，猜测那个时间市场的好坏是同样困难的。

这也就意味着，做不做资产配置，实际上也是像选股一样的艰难选择。如果坚守债券，有可能错过股市机会。

我们一直以来相信一句话：各类资产的估值永远符合“均值回归”的定律。资产类别的可预测性是最高的：如果一个主要的资产类别有泡沫，该泡沫会破裂是一个近乎确定的事件。但这里的各类资产，并非单纯地用股票、债券、货币和商品来划分，而应该更为细分地看。

比如拿股票来说，笼统地说股市是熊市还是牛市，在很多时候是没有意义的，因为即便是熊市，也有大批涨的股票。

我们就要思考一个问题：如果要对股票进行分类，大致会有几大类呢？我们发现，以创新为驱动力的医药股，在长期中呈现出最为强势的阶梯式爬坡行情；而消费类股票，虽然不如医药股那么强势，却也是长期中的稳定品种；但科技股不一样，科技股多数是过山车行情，当某个科技品过时了，股价也就跌下去了。周期类股票和基础工业类股票，则体现出非常明显的跟随宏观周期波动的特征。

基于对这几类股票的长期跟踪，我们发现，医药类和消费类股票，投资的关键是寻找正确的标的，而非择时；科技股，关键在于发现哪些科技品正处于上升趋势中，既要选择品种，也要选择买卖时点；周期类和基础工业股票，则要从宏观周期的角度来投资。

我们相信，我们的资金应该委托给最专业的人去管理。那么，我们的资金应该根据投资标的划分，分别委托给医药、消费、科技、工业和周期品等各类型中专业的团队。

类型不同，投资逻辑和能力要求也是完全不同的。如果说股票投资有周期性波动的话，指的应该是基础工业和周期品，而与债券、商品、现金资金的配置，也应该指的是这类股票。

其实，不单是股票内部，债券内部也一样，判断基础利率走势和信用风险，寻找最佳投资标的，才是债券基金经理的正事。没有哪个债券基金经理会考虑追逐股票牛市的。同样，类似房地产、黄金的投资，也是基于对这些品种自身机会的衡量。

大类资产配置，传统的理解是股票配多少，债券配多少，另类资产配多少。在这几年里，笼统地这么讲已经不能体现出配置的优势。我们的问题转变成了：股票虽然指数不涨，但我们买哪些股票会涨？各类债券是否会有差异？房地产、黄金、商品、新三板等各类另类资产投资标的中，谁更好？

可见，大类资产配置，转变成了一个选择标的的行为。事实上，选择，一直都是投资的核心竞争力。如果只是配置，在每一类资产中，都有可能选择了最差的品种。投资的绩效仍然很差。

那么，资产配置取决于什么呢？取决于风险承受能力和头寸的额度。

当资金十分庞大时，就不得不考虑债券这个大蓄水池。如果我们要在另类资产中进行投资，规模取决于可投资品种的蓄水能力。如果我们认为新三板机会最大，但相应品种很少，市场规模也不大，则并不能容纳多少资金，增加配置就是空谈。

这有点像黄金，全球用于黄金投资的资金是有限的，因此可以认为黄金不可能成为大规模避险资金的长期避风港。

如果投资于股票，则要考虑选择不同的专业团队。投资于医药股和消费股的，要专注选择公司；投资于科技股的，需要对科技品更迭非常敏感；投资周期品和基础工业股的，则需要对宏观周期判断准确。

头寸应该多大，该配多少呢？取决于资金规模、市场容量和操作能力。这也是当前各大保险公司股票配置较低的原因：成长股的整体市值仍然有限，容不下各大保险公司共同增加配置比例。

银河主题策略兢兢业业发掘其中的逻辑，两年来，执成长股之牛耳。“科技股看渗透率”“消费品看品牌”“医药在产品创新能力”“国家安全第一”等，无不脍炙人口。

可见，投资的核心竞争力是选择好的品种，而非配置。

两位分析师男神眼中的沪港通

交银国际董事总经理兼首席策略师　洪灏
国开证券首席策略分析师　李世彤

洪灏：市场对沪港通认识上的误区，以及技术上的细节

沪港通开通后，大家都觉得有点失望。香港流向上海的资金额度在第一天用完后，接下来的几天都远远没有用完。从上海流向香港的资金额度是一直都没有用完，远远少于预期。

这个现象要结合国际大环境来考量。现在美联储货币政策正常化，2015 年有可能加息。因此会导致资本流向是从发展中国家流向发达国家，特别是美国。

沪港通本身的设计机制就是希望把资本从香港流入内地。比如在总量的设计上，沪股通是 3000 亿元的额度，港股通是 2500 亿元

的额度。比如在账户的门槛设计上，沪股通没有门槛，港股通要求是 50 万元。

政策决策者考虑的是如果国内资本大量流向国外，会带来人民币贬值的压力，会造成国内金融市场的波动。在这种情况下，通过沪港通来部分放开国内市场的资本，我个人认为是利大于弊。

由于沪港通政策的倾斜，两地估值的不同，造成了境外资本流向境内的趋势。

在 2014 年的一则美国的资产流动报告中，国际货币史无前例地开始购买美元资产。中国央行的外汇占款逐步地放缓。在这个情况下，政策的制定上是呈倾斜的态势。另外，对比两地的标的物的估值，内地大盘股特别是金融股处于低估、折让的水平。因此，境外资本开始流向国内市场。

从沪港通开通后可以看到，小盘股的表现明显优于大盘股。虽然大盘股的成交量大于小盘股，但是在价值回报上，无论在 A 股还是 H 股，小盘股都要优于大盘股。这个现象对于香港市场而言并不奇怪，因为香港大盘股的流动性比较好，中小盘股的流动性较差。但是中小盘股一向是获得投资回报率高的板块，这和 A 股市场一样。这说明了，沪港通开通后，大家期盼的价值回归的预期需要假以时日，而不能马上实现。

沪港通开通前，市场对沪港通一直存在认识上的几个误区

首先，认为沪港通开通后，A/H 股的价差会被熨平。这是一个不全面的认识，2006 年开始，A 股一直处在 H 股的溢价之中，只有中间很短的一段时间，A 股处于 H 股的折让中。

其次，对海外资金的参与度有非常高的期望。但是由于海外资金的投资章程的改变需要一段时间，所以海外资金在沪港通开通后没有马上投入到沪股通中。

自从沪港通开通的消息传出后，A/H 股的折让逐步消除，两地的融资成本的差异逐步减少。对投资者而言，A 股相对于 H 股更有吸引力，所以我们看到 A 股对于 H 股又处于溢价的状态中。

市场也都普遍看好海外资金的进入。这有利于 A 股市场由动量驱动为主的投机风格，转为更注重价值投资的投资风格。

我们来看一下海外的对冲基金在进入 A 股市场后可能做的事情。想在 A 股里获得暴利的资本将会很失望，因为它们手里的股票被作为做空的标的物。这样的预期将一直持续到中方对税收的最终确认。

沪港通开通后，中小盘股涨了 50%，大盘股涨了 20%。这引起了大家对中小盘股的抢购，而忽略了对大盘蓝筹股的关注。

一些技术上的细节

这里的细节比如说税收。2014 年财政部发布了对资本利得税的新规则。我们看到境外机构投资者在 A 股的参与已达到 10%，投资的时间也有十几年了。他们的投资一直秉持价值投资的理念，主要是购买金融股、工业股、大宗商品股，但是他们的参与并没有改变 A 股市场追涨杀跌的实质。

在过去，中方一直没有对海外基金征收资本利得税，这些海外机构对资本利得税的拨备在 10% 左右。所以在新的税收标准公布后，大家都傻了。这个规定是：对 2014 年 11 月 17 日之前的资本利得税进行追缴，这个追缴的税率是 20%，而不是 10%。

所以我们看到沪港通开通后海外投资 A 股的 ETF（Exchange Traded Funds，交易型开放式指数基金）大规模下挫，有的下挫了 10%。我们可以看到海外对冲基金的操作手法非常的彪悍。它们可以分别做空和做多同一行业的不同公司的股票，使得价差越来越大。

为了使有限的资金的回报可以最大化，有限的资金被投入中小盘股。所以我们看到中小盘股跑赢了大盘股。

如何从沪港通里获益，下面我们从长期投资的角度来展望一下。

我们不知道中国税务部门对2008年以前的征不征收资本利得税，因为2005年到2007年中国的股市涨得很多，如果对这两年征税，这个数字将会非常可观。韩国股市20世纪80年代末期在低位徘徊，韩国的政府就让海外资本进入韩国市场，实行了货币宽松政策，使得韩国股市在后来的十年里处于牛市中，这给我们国家提供了很多的参考。

对未来的预测

首先，随着沪港通的深入，我们的额度很有可能在2015年用完。

其次，由于税收情况不确定，市场的交易会不明朗。RQFII(RMB Qualified Foreign Institutional Investors，人民币合格境外投资者）在短短三年里做的规模和QFII（Qualified Foreign Institutional Investors，合格境外机构投资者）在十几年里做的规模一样了，2013年的12个月里，RQFII总的规模翻了一番。但这些短期的限制不能阻止海外资金参与 A 股的能力。

中小盘股跑赢大盘股的趋势还会持续一段时间。

中国政府采取一系列的措施，让中外投资者可以在同一个标准上进行投资。虽然这些利好不能让人马上获利，但是在未来中国的资本市场会融入国际市场，对投资人而言是利好的消息。

李世彤：沪港通实施后与预期不一样，这是由各种原因决定的

首先，沪港通对 A 股、香港政府的利好，对港股的利空：

第一，中国有多样化的经济，还有一些特殊的行业是中国独有的，比如白酒、中药（云南白药、片仔癀）等。资本和企业的经营有着相似度。经济多元化、企业更加活跃，资本就会追捧这些企业。

内地经济、上市公司的特色决定 A 股比港股更有活力、更易受资本的追捧。内地经济多元化、行业全面化、企业独特化，这些是 A 股的优势；而香港集中于金融地产、旅游贸易、转口贸易等内生型经济，这是港股的劣势。沪港通开通后，最受内地资金追捧的腾讯、中芯国际都是内地企业。充斥全球的“made in china”显示大陆企

业的竞争力远超香港地区和很多其他国家。

第二，当国际资本不能直接进入内地时，国际资本必须转到香港再进入内地，这是对香港金融的利好，也是中国政府对香港政府的让利。

第三，沪港通吸引的是香港及海外的个人投资者，而不是机构。在沪港通开通的第二天开始，额度更多的没有用完，也可能是个人投资者也趋于冷静。机构资金大多在此前已经通过 QFII、热钱等各种方式进入了或曾经进入过 A 股市场。

其次，香港经济衰落，港股逐渐被冷落。

第一，香港经济单一，过于依靠转口经济，缺乏核心发展力。

第二，“一国两制、台湾问题”是内地支持香港的最大动力。但是“占中事件”暴露了香港居民的忠诚度不够，将影响内地对香港的支持，使得内地对香港的让利逐渐减弱。

第三，内地的经济及资本的开放度决定香港“窗口”作用的大小，而内地开放度的增加是必然的。如果内地开放度增加，对香港股市是利空的。

再次，A 股估值具有一定的独立性，成长与并购的主题将延续。

第一，自宋朝以来，从中华民族的发展来看，中华民族的文化具有强大的同化性。从元、明、清的历史发展可以看出，汉文化有着很强的同化性。港股通后，A 股市场会发生改变，但是这种改变也可能是国外的资本向 A 股市场看齐。

第二，香港股市的估值也有其独特性，它的旅游、地产等股票被追捧。国际估值体系复杂，A 股估值与国际哪种估值接轨？如巴菲特和约翰·邓普顿的投资理论几乎相反。巴菲特宁愿以一般的价格买入不一般的公司（不便宜的价格买入好的公司）；而邓普顿常做的是以不一般的价格买入一般的公司（低价买入被低估的公司）。

第三，内地资本开放较稳健，不会十分激进。人民币的国际化也是有限度的。尤其对金融以及能源等支柱产业，国企不会放弃控股权，所以不一定受外资的青睐。而这些企业对应的往往就是我们说的蓝筹股。

对于外资而言，控股与参股的区别很大，外资可以高价抢控股却很难低价参股长期持有。当年中铝收购力拓失败的原因不是澳大利亚政府的干预，而是力拓认为中铝是国企，将影响力拓对股东的回报。

第四，注册制不可能马上顺利实施。有两个困难制约注册制：一个是法制监管。国内的证券法足够完善，主要是执行难，所谓的"执行不严"，这与国内的法制环境相匹配；另一个困难是国内过多的上市资源。国内的企业很多，而股市仅成立 20 余年，大量企业急于上市。一旦实行注册制，A 股必然崩盘，而管理层也不会允许这样的情况发生。中国香港、新加坡乃至欧美交易所，因为交易所成立时间较长，大部分企业均已上市，已经缺乏新鲜血液，所以它们反而希望内地企业去上市。

所以，港交所也是核准制，但是并未出现 A 股的一些情况。京东和阿里的上市，给管理层带来巨大的压力。但是未来也只可能象征性地允许少量亏损企业上市，毕竟亏损企业上市后如果依然亏损不能壮大，相关官员会存在巨大的压力。

所以，未来 A 股可能会实行有中国特色的注册制度，也就是不完全注册制。我们会加高注册制的门槛。

A 股的退市制度也出来了。但是 A 股市场的壳资源是很珍贵的，现在的壳资源价值十四五亿元人民币，因此，企业不会主动退市。特别是民营企业，是不可能主动退市的。而很多公司的巨额亏损是和政府有关的。一家公司的上市对当地政府而言，意味着信用、税收和更多的就业机会，所以当企业面临退市时，出面调解的往往是当地的政府。

最后，资本推动市场，A 股的牛市延续。

第一，GDP 持续下行，但是 CPI、无风险利率也持续下行。决定股市的主要是资本，利率引导资本。即便是经济影响资本，也不是 GDP 的影响最大。根据我们十年前的研究结果，对 A 股而言，CPI 对股市的影响超过了 GDP，原因是 CPI 决定了宏观调控的力度，而宏观调控决定了固定资产投资的力度。

CPI 过高时，政府会进行宏观调控，来抑制过热。而当 CPI 低时，政府就会增加投资。另外，按照投资四象限，相比于经济的好坏，资金的流动性对股市的影响超过了经济。资金流动性越好，对股市越是利好。

第二，A 股目前是牛市，牛市的基础有三点：投资偏好提升、新股发行制度和国企改革制度的变革、产业资本的需求。房地产投资的资金转入股市，信托及理财资金流入股市，新股低价募资有利于股市出现赚钱效应。国企改革支撑股价，A 股的融资便利性超过了银行信贷，对产业资本的吸引力大增。

在兰石重装的表现上就可以看出，在目前的市场上，对新股的发行价的规定是有利于股市的。中国南车、北车的合并案等可以看出，国企改革对 A 股是有利的。现在企业要在银行贷款是比较难的，如果要在民间借贷利率又很高，但是如果在 A 股上市，获得资金的可能性大多了。

第三，经济转型决定新兴产业的发展速度超过基础产业。虽然国内产品高科技含量低于美、日、德等国，但是较很多国家都具有很强的竞争力。另外，技术含量并不是决定产品销量的。对于股市而言，发展速度的重要性超过了低估值。任何产业都有其周期性。

第四，资本决定市场。投资不是理论研究，尊重市场，不要在象牙塔里意淫，相信市场重于相信领导。

学挖掘机哪家强，电力投资哪家好

申万研究电力设备与新能源高级分析师
武夏

电力设备和新能源行业的投资逻辑

很荣幸能有机会在阿尔法工场和各位朋友进行学习交流，今天我想讲的是对 2015 年投资方向的一些思考。可能我对有些事的考虑还不是很成熟，感谢有这个机会能和大家交流，大家如果有什么好的建议，或者觉得我的想法中有什么地方不到位，欢迎多多指正。

先讲一下我自己，从 2009 年开始我就在研究电力设备和新能源行业，正式工作是在 2011 年，所以算上之前的实习经历和研究经历，我在这个行业一共待了五年多的时间，对这个行业也有一些想法。我想电力设备和新能源行业，其实是一个投资驱动的长周期的行业，我根据正在上市的一些股票，进行了一个大概分析，可以分为三个阶段。

第一个阶段，是改革开放以后。这个时候是整个大工业用电开始起来，最开始的时候是缺电，所以第一个阶段我们行业率先起来的，是像东方电气和上海电气这些发电设备厂为代表的发电企业。这个周期比较长，大概持续了十年左右时间。

第二个阶段，大家应该记忆犹新，之前出现了一个所谓的窝电。就是在发电设备纷纷上马以后，电网设施明显出现了一个滞后。从2005年以来，国家电网和南方电网开始进行了一系列电网基础设施建设的投入。这个十年时间的投资景气期，代表标的有特变电工和思源电气。

我刚刚讲的这些公司，其实都是曾经在资本市场名噪一时的大牛股。

但是从2012年左右开始，我们觉得整个行业进入第三个拐点。就是在一个整体的GDP增速稳定甚至开始下台阶的过程中，中国总量缺电的问题已经不存在了，可能结构性缺电还有一些问题。但这个时候环保问题浮出并越来越尖锐，所以党中央开始进行能源结构调整。这个时候开始在发电端进行了一系列改革，包括像光伏、风电等各种新能源发电项目的上马，就标志着发电端的能源结构调整。这应该是行业的第三个阶段。

所以在第三个阶段，我们可以看到一些牛股，包括像阳光电源、兴森科技，这些新能源设备生产制造企业，是作为第三阶段能源结构调整和转型的一个代表。

我们觉得电力设备和新能源，本质上是研究电力能源的一个生产传输分配和使用的行业。

从生产的角度，我们可以看到主要覆盖的包括光伏发电、风力发电、核能发电，甚至如果团队实力更加强大的话，可能还会覆盖生物质发电和其他能源形式的发电。然后在中间的传输领域是传统的、正统的电力设备研究覆盖的范畴，包括特高压行业、高压设备行业、中压设备行业、配电设备行业、电表行业，这些都是电力能源传输的过程中，所谓电网设备覆盖的一个范畴。在这个电力能源使用端，也就是进入到工业和用户的这个层面，电力设备和新能源重点研究的是一些用电设备，代表包括高压变频器。

就新能源板块来说，其实 2014 年的投资逻辑和 2013 年并没太多差别，准确地说逻辑还是一个逻辑。现在整个新能源的发电，包括像风力发电和光伏发电的盈利模式还是以靠政府补贴为主。以光伏发电为例，我们用模型做过一个详细测算，如果不考虑折旧，只是按照现金投资的度电成本来看，一个典型的西部光伏电站发电回收的度电成本大概在6角钱1度。

6角钱1度电是什么概念呢？也就是说按照现在火电或者是水电的上网定价来看，这些光伏企业的成本和真实的上网价格其实是倒挂的，所以目前中国的新能源发电还是亏本的，那些新能源发电企业的盈利模式主要还是依赖政府补贴。

政府补贴主要就是从用电户包括消费者身上，征收的可再生能源附加的基金。这个基金目前每年的盘子大小大概是在几百亿元人民币，国家的补贴就来自于这样的一个盘子。所以2014年和2013年一样，所有从事新能源发电的企业的利润，其实都是来自于这个可再生能源附加基金。

从整个2014年行业的表现来看，行业的总量趋势其实到了一个拐点，所以新能源行业板块的表现明显好于传统电力板块，包括新能源行业的政策趋势也是向上的。

在传统的电力设备板块出现了两个较为明显的特征，第一个特征就是民营企业。包括在2009年至2011年集中上市的一批民营企业，开始进行所谓的转型，这些公司有些是变更了初始募集资金的投向，有的是开始进行再融资，资金的投入方向都是与主业无关的一个方向。我们对这个现象的看法是，这些民营企业家其实已经开始进行变相的离场。

民营企业的企业家，他们变更了资金投向或者再融资去做其他的事情，这些公司其实就是离开了这个行业。因为在行业需求增速下降的前提之下，民营企业发现很难超越行业平均水平获取利润，所以这些企业家开始考虑要转型的问题。我们觉得这也是行业在变相进行产能整合的一个标志。

第二个是国有企业的特征。国有企业其实也在酝酿两件事情，第一件事情就是资产重组，第二件事情就是管理层的一个激励。整个国有企业也在考虑变革以往传统的经营模式，开始调整经营思路，以一种更加有效的方式去面向未来。这个是2014年电气设备板块的一个比较明显的行业特征。

我们的判断是，由于2014年年底并没有出台下调2015年上网电价的一些政策，所以对于2015年上半年来看，西部仍然会延续这样的一个政策。就东部的这个分布式发电来看，因为国家在2014年年底刚刚出台了一个调整分布式发电的补贴政策，所以下调的可能性也不大，但是就2016年来看的话，下调电价的可能性非常大。所以 2015 年仍然是投资光伏行业的一个窗口期，到 2016 年的话可能这个事情会发生一些转变。

就风力发电来看的话，2014 年年底已经出台了 2015 年年中要下调风力发电的上网电价的相关政策。从这个角度来看的话，在下调之前，相关企业要有一个抢装的预期，在下调之后风力板块可能相对来说将较趋于平淡。

2014 年为了反映出国家对于光伏发电的一个鼓励的政策，并没有下调光伏的上网电价。所以按照西部电站每度电 9 角到 1 元钱的收购定价来看，根据刚刚我跟大家说的，真实的现金成本大概是在每度电 6 角钱左右，国家同样按照 9 角到 1 元的价格收购这些光伏电力，所以进行光伏电力投资的收益率水平大概在接近 50% 的水平。这就是 2013 年和 2014 年资本市场对光伏行业热情持续高涨的一个原因。

对未来电力能源板块的思考

刚刚大概回顾了一下 2014 年整个电力设备板块、光伏板块和风电板块的一个基本情况。接下来我想讲一下对 2015 年以及未来这些板块发展的一些思考。

我们的判断是，整个电力能源板块在未来仍然会有一个很大的变化，这次的变化是区别于之前的。第一次变化是发生在发电方，第二次变化是发生在电网方，那第三次变化我们判断是会发生在用户方，就是用户用电的复合结构会发生深刻变化。这将分别表现在工业和居民这两个用电大户身上，他们都会发生深刻的变化。

从工厂的角度来看，现在整个中国有一个大的趋势那就是自动化，系统是用自动化的装备来代替人工。一个典型的行业，包括 2014 年市场也十分看好的一个新的行业，就是机器人行业。我们判断这个事情在 2015 年乃至未来都会是一个持续性的趋势。从居民用户端的角度来看，我们知道过去很长一段时间以来，家庭里面的用电负荷其实都没有发生过很大的变化。

过去，用户端中可能消耗电能最大的一个装置就是空调，但是从今年开始国家的一系列政策导向都在引导用户开始使用新能源汽车，新能源汽车预计未来会取代空调成为下一个居民用户端中用电负荷比较大的地方。我们知道中国传统的工厂和居民用户的用电比例大概是 7∶3，随着新能源汽车的大量普及，我们判断以后这个比例可能会倒挂变成 6∶4。

对我们行业来说，这一系列的变化直接受益的其中一个细分的工厂板块就是自动化装置，我们的研究也覆盖用电自动化的装备，我们是持续看好这个行业在明年乃至未来的一个持续性的表现的。另一个在用户方，我们看好的是充电桩运营的一个相关的细分行业，我们认为这个行业在2015年是值得重点关注的。

居民用户端的用电负荷的变化，直接会导致未来的整个配电结构被迫发生改变。就行业内部来说，其实配网投资这个事情我们讲了非常久了，但是每一年的配网投资的实际进度都是低于预期的，究其原因就是我们认为配网投资一直都是存在必要性的，但是一直都没有紧迫性。

紧迫性的反映就是，现在并没有出现像之前的缺电或者窝电这样，危及社会民生的一个反映较大的公众事件，目前为止我们还没有看到像小区的大面积断电这样的社会民生事件出现。我们判断，如果以后充电桩或者电动车的普及率达到一定程度，当前的居民电网显然无法适应这样的用电负荷要求，届时整个城市电网的配网改造将会出现一个很大的紧迫性，那个时候可能配网改造的事情将会被提到议事日程。

2015年我们判断，整个配网行业要起来是需要一段时间的，但是长期来看我们仍然看好配网投资作为下一个电网周期的爆发点和增长点。

建议的几个细分行业

刚刚我们回顾了2014年的一些情况，同时也简要展望了2015年的情况，现在我就来简单讲一下我们看好的几个细分行业。从刚刚讲的逻辑，从整个行业发生的变化的角度来看，我们看好的是自动化装备2015年的表现，还有包括像电动车和充电桩的表现。

关于新能源领域我们判断，光伏行业在2015年仍然具备成长性。但是因为电价下调的预期已经在慢慢增强，2016年电价下调可能已经是一个大概率的事情，所以我们判断2015年光伏行业还会有机会。但是标的的筛选我们应该更加严格，可能很多公司会被发现是在“裸泳”，所以在光伏行业里，我们建议还是要优选标的。关于风电板块，2015年上半年已出现抢装的行情，我们也可以把握一个交易型的机会。

落实到标的，我们一直在推荐的一个就是新时达（002527），这个公司在自动化板块是我们一直非常看好的。它是一个做电机变频器起家的龙头公司，公司现在的一个核心看点是在转型做工业机器人。我们非常看好这家公司2015年的一个业绩弹性，还有目前估值的吸引力。

落实到充电桩运营板块，我们建议关注特锐德。这个公司我们需要强调一点，就是目前的充电桩运营板块还是政策影响性非常大的，我们判断出台充电桩运营补贴的概率还是比较大的。

整个充电桩运营行业，现在其实是类似于2009年左右的光伏行业。整个行业还是处于初期，我们现在板块中的标的是非常稀缺的，所以我们选出特锐德这个公司，只是想做一个说明，只是说这样一种类型的运营公司我们还是比较看好的。因为特锐德本身的估值比较高，所以我们也提醒投资者，注意一个高估值的风险。

问答

Q：想咨询一下平高电气，特高压设备怎么样？

A： 就特高压行业来看，其实我们认为这个行业就2015年来说是缺乏吸引力的。因为我们知道特高压其实是一个类似于煤化工的由政府来主导投资的板块，这个行业从诞生之初就已经把整体规划制定好了。

我们也做过测算，平均来看的话每年的建设投资进度就是两交两平的进度，而且从交流技术来看也有很大的一个学术争议。2014 年能够完成两交两平的目标实属不易，从 2015 年来看的话，当然是有可能会超预期的，但是我们判断其实符合预期或者是低于预期的概率会更大。

这个行业我们大概能看到 2020 年的建设进度，从股票投资的角度来看其实是一个类债券的行业，在 2014 年算是一个困境反转。长期来看的话成长性不足，所以对于行业龙头来说，它能够给的估值溢价相对来说就很有限。

平高电气不是只有特高压概念的一个公司，不仅仅是一个特高压龙头，本身在天津还有一个中压开关基地，这个开关基地已建成投产。

还有，就是跟整个国网系改革有关的一个事情。刚刚我们并没有提到，其实整个国网系的改革也是非常引人注目的一点。平高电气和许继电气都有一个共同的问题，就是集团内部可以注入的资产已经不多了，这是区别于另外两个公司国电南瑞和置信电气的。所以这两个公司资产注入的看点还是比较少的，长期来看的话可能还面临着国网资股分离的风险。

刚刚讲的是一些对这个公司可能会有影响的地方，那接下来再讲一些还是比较有看点的地方。我们知道其实国企改革包括国网系下属设备企业的改革，变化还是非常多的，很多的方案和路线并不是很明确。

平高电气和许继电气，包括其他的一些公司在股东方面可能会引入一些新的战略投资者，类似于中石化对于零售业务的改革。所以，如果平高电气能够在战略投资这方面引入一个强有力的央企做第二股东，其实对未来的市场开拓和整个的股权结构优化是很有帮助的。

对于公司来说，长期来看主要看点还是在于它的整个产品线的丰富，另外就是在于对出口市场的打开。长期来看，我们觉得电力设备行业其实并不需要很多公司，参考欧美发达国家的经验，六七个公司就够。平高电气肯定会是其中一家，只不过整个市场仍然对改革的方向或者说对于国网下属企业的主辅分离方向不明确，所以很多机构选择提前出逃。但是一旦能够把相关改革的一些大概方向或者是方案定下来，我们相信公司股价就能够企稳也能有所回升。

其实从广义上来看，我个人的理解是电能就是一个现代工业社会的血液。我们并没有把这个行业看得非常狭隘，其实可以从广义上来看所有跟电力的生产、传输和使用相关的行业或者是公司，其实我们都可以去做。

Q：请问科士达在行业中的地位？

A： 科士达是主业做电源行业的公司，核心的看点一个是民参军方向，另外一个方向就是光伏逆变器。我就重点讲光伏逆变器，目前在行业里面大概是排名第三到第四的情况。

应该说 2014 年以来科士达的逆变器承受了很沉重的价格竞争压力，我们知道光伏逆变器行业华为和阳光电源打得很厉害。类似于加多宝和王老吉之间的战争，最后其实科士达受到了很大的影响。所以我们看到对光伏逆变器来说，华为一个逆变器每瓦大概是 4 角钱左右，阳光电源的光伏逆变器大概是每瓦两角 5 分到两角 3 分，科士达可能更低一些。

2015 年来看的话，我觉得整个光伏逆变器行业的整合趋势还在延续，光伏逆变器行业已经在慢慢优胜劣汰。科士达可能也会留下来，但显然不会成为像华为和阳光电源一样的行业领导者，可能会保持它的一个二线厂家的地位。

然后，如果从民参军的方向来看，公司目前还是在获取资质的阶段，所以要讲业绩贡献还为时尚早。

Q：如何看待靠国家政策补贴的光伏类的长期趋势？毕竟一次投资要使用多年，并且随着时间的流逝，太阳能板的衰竭和粉尘覆盖的影响也不可忽视。后期我担心补贴费用不够。

A：趋势肯定是持续下降的，这个是毋庸置疑的。无论是德国、意大利还是日本，基本上都有一个补贴持续性下降的路径，当然伴随这个路径的成本下降才是我们最关注的一个点。因为我们判断未来的光伏行业还会有一个关键性的时间点要到来，就是真正实现所谓的平价上网。成本真的能够降到可比能源水平的上网平行价，比如说之前讲到的每度电成本 6 角钱能够下降到 3 角钱左右，那么这个时候才是真正具备经济回报率的成本水平，就不需要补贴了。摆脱补贴之后，光伏产品、光伏应用才有可能迎来真正的爆发。

刚刚讲光伏时有一件事情也是我比较担心的，在这里也跟大家随便聊一聊。我们也调研过商业银行的相关信贷业务人员，

2014 年来看出现了一个乱象，就是很多光伏电站和公司都号称 2015 年或者未来三年将达到 500 兆瓦甚至亿瓦的电站开发量。我们认为这个事情不兑现或者是打折兑现的概率是非常大的。

因为我们也了解现在的商业银行，无论是四大行还是股份制银行，对光伏的贷款仍然是属于限制名单的。民营企业要取得光伏贷款基本上是不可能的，只有央企因为本身有一个资质的背书，才能够取得光伏电站业务的贷款。

且不说贷款的难度，就从整个贷款的批放总量来看的话，每家银行每年年初对当年投放的贷款额都是有指导规划的。我们根据这个指导规划初步加了一下，其实整个能用于贷款的资金量远远达不到各家企业号称的开发规模的几分之一。

所以从资金来源的角度来看，国内没有这么多的贷款资金能支持这么多上市公司的光伏电站开发规模。

其实，光伏电站投资之所以很火热，除了我刚刚讲的补贴和度电成本外，最核心的一个要素还是在于能够加杠杆，就是能够用 20% 的自有本金撬动 80% 的贷款。但是我刚刚讲了从贷款的角度来说，2015 年的贷款供给并不轻松，所以如果不考虑杠杆收益率的话，真实的电站项目投资回报率在西部只有10% 左右，这是一个让资本市场很不满意的回报率。

光伏电站加杠杆之后的股权回报率在 80% 以上，但是在非常严酷的条件下，拿不到贷款的上市公司用自有资金完全进行100% 投入的话，那么回报率只有 10%。我担心的是这个事情如果明年一个接着一个出现的话，可能会让市场对于整个电站开发的热情下降。

Q：河北张北县打造万亿级新能源特区，光伏逆变器行业有没有标准门槛；光热发电前景如何？

A：光伏逆变器目前处于一个激烈的行业整合期，最大的变化主要就是华为的进入。我们知道华为是通信行业的一个龙头，现在公司层面也在积极地寻求突破，他们把整个能源行业作为下一个进军的方向，对于光伏逆变器这个产品本身是寄予了很高的期望。

所以逆变器市场应该就是一个参与人数比较少、占有率高度集中的市场，阳光电源和华为都有可能取得非常高的市场占有率。客户相对来说会更加倾向于对品牌的选择，甚至会选择阳光电源或者是华为提供的系统解决方案，而不是像现在这样只是单纯去采购一个逆变器产品。

就河北张北县打造新能源的事情，我们还要再去实际调研和考察一下，看有没有当地的标的会受益。其实从地方政府的角度来看，他们对整个光伏投资的鼓励还是很有冲劲儿的。但是回归到我刚刚说的最核心的问题，还是利润从哪里来，其实同样受限于我刚刚讲的钱的问题。

传统上光伏逆变器行业都是一帮民营企业在玩，以阳光电源为龙头的一个逆变器行业整体来说，他们整个的资本、研发投入包括背景资源，相对来说还是处于以民营企业主导的一个市场。

但是华为的进入应该会改变这个行业的生态。以前我们说逆变器是没有门槛的，谁想做都可以。但是未来随着阳光电源和华为的持续竞争，他们从价格层面、技术层面、市场层面开展的全方位的竞争，我们判断未来可能剩下的就是阳光电源和华为以及为数不多的二线企业。所以这个行业其实这两年已经在进行整合，我们判断 2015 年、2016 年这个趋势还将延续。

光热我们也是很看好的。坦白说，就 A 股目前上市的光伏发电板块来说，虽然上市公司比较多，但其实同质性非常强。所有公司的商业模式其实都是非常单一的，都是做电站投资电站开发的业务。公司和公司之间的区别其实不是很大。

就 2015 年来看，国内还没有出来一个商业模式或者技术特别出类拔萃的公司。整体行业同涨同跌的特征还是比较明显，受共同的系统性风险的影响，当然也受共同的政策利好刺激。

我一开始就说了，这个行业是投资周期驱动的行业。投资周期的特点是比较长，但确实是有周期性的，所以光伏电站有起有落是很正常的一件事。其实从整个商业模式的角度来看，我们更看好的是港股的新奥能源这一类公司。

光热发电在美国一直是作为一种能源形式在使用，在中国也有些地方适合使用光热发电。但是我们判断光热发电和生物质发电还有秸秆发电等都是一种补充的可再生的能源，未来中国的发电应该还是以风电、光伏和核电三种新能源为主，然后以光热发电或者其他的生物质发电做补充。

我们可以参考国家的 2050 年的电力能源发展规划。从发电装机规模的角度也可以看出来，现在国家的光热发电只有示范项目，还没完全启动，所以这个子行业从示范到应用还是有一个很大的空间。

单一的光伏发电的电站持有者，抗风险能力是很弱的。但是像美国和中国香港其实是有很多这样的标的，那些公司是持有一系列的发电资源的，包括天然气、风电、光伏甚至传统电站。这类公司往往是负责一个地区的供电，即便在美国这样成熟的市场，市场上的估值也是在 20 倍左右。所以我们未来是比较看好像新奥能源这样的公司出现在 A 股市场的。

Q：请问您看好精工钢构转型吗？

A：应该说下属子公司绿筑光能转型的逻辑还是能够接受的，就是几万平方米的钢结构厂房上面能够搭光伏板的事情。但是有一个问题，我觉得也是 A 股市场的系统性问题，就是我刚刚一直在讲的这些上市公司做转型，最后的根本目的还是为了去拿这个项目来向二级市场做定增和增发。

我已经看到好几个公司拿这样的项目做定增和增发。但很遗憾的是，如果说做 200 兆瓦的光伏电站，那么必然要定增 18 亿元到 20 亿元，也就是说用投资者的权益百分之百地去投入光伏电站的建设。这样的话，整个项目投资的回报率就由我刚刚讲的 26% 下降到了 10%，如果在美国市场，这样的项目就不是一个特别好的定增项目了。

但是在 A 股，因为有系统性的原因，本身注册制还没有放开，所以大家对这个的容忍度还比较高，定增稀释摊薄也不会在股价上做出相应的反映。所以如果不考虑这些相应的风险，只是单纯从逻辑上看这种转型的难易程度，精工钢构下面的这个绿筑光能相对来说还算是有一定逻辑的。而且绿筑光能下属的公司未来可能还要单独上市。

Q：怎么看新时达转型做机器人？

A： 新时达转型做机器人我们是非常看好的。因为现在 A 股里真正意义上做机器人的核心零部件的公司非常少，大部分公司都还在做机器人下游的集成商应用，这个其实就是一个经销商的概念。但是未来能够真正意义上做到国外四大家族一样的机器人品牌，必须要具备核心零部件的研发能力，新时达现在是国内为数不多的能够具备一定伺服和运动控制系统研发能力的公司。

就 2014 年来看，因为它收购的众为兴只并表四个月，2015 年是全年并表，加上本身的主业也是非常平稳，所以考虑外延式的收购，它的业绩增速在 2015 年会非常快。

就长期来看，这个公司的转型战略就是做一个类似于酷卡的转型，也就是要做机器人本体。里面的核心部件也能够自己去研发，同时在下游渠道方面也在考虑以收购或者是合作的方式打开机身上的合作空间。所以总体来说，我们觉得它的整个战略还是贯彻得比较坚决，我们对它转型的方向是比较看好的。

有些投资者可能会诟病，他们认为机器人的下游的应用行业没有那么大，并不是像很多人想的万亿的市场，可达到的市场空间很小。对于这样的疑惑我们不是这样看的。

其实从国外的经验来看，德国和日本的机器人应用最广泛的行业之一是汽车，目前为止世界范围来看也是这样的。其实中国的制造业从世界来看是种类最全的，那么哪个行业可以跟汽车行业相比，我们觉得是消费电子和家电行业。

这两个行业有一个共同的特点，就是整个行业已经进入了成熟期，并且成本下降是整个投资业者考虑的最核心的问题，人工成本则在持续上升。消费电子的生产要求在有些场合可能人工是根本无法适应的，家电也是一样。现在家电有向消费电子链接的趋势，所以这两个行业都有提高自动化比率的需求。新时达的布局刚好就是在家电和消费电子，所以我们觉得看机器人的标的，下游布局也是核心的一个考虑因素。

所以其实我们还是想说，无论从市场的角度还是从技术的角度，我们都比较看好它的转型。

Q：看好林洋电子吗？

A： 林洋电子在股价高位抛出了一个定增的方案，280 兆瓦的光伏电站资金基本上全额都是由二级定增来完成的。但是我们也考虑到这种事目前已是行业惯例，基本上目前所有的光伏企业都依赖于股票市场或者资本市场给它输血，所以公司这么做也无可厚非。

我们判断如果一旦这个定增能够顺利完成，那么 2015 年公司整个业绩释放包括整个电站开发的节奏都会大幅加快。在不考虑中国 A 股市场跟发达国家市场对于定增的不同反映的情况下，单纯只是考虑定增输血这件事情，我们是看好林洋电子 2015 年的转型的。

但我想说的一点就是，其实我们对整个光伏行业的当前的发展还是有一定的担忧，主要是因为目前的这个补贴相对来说还是比较高的状态，这让大部分从业的企业都在想怎么样去做电站，做大规模然后去拿到补贴，很少有人会真正地把精力花在研发技术降低成本上。

我们觉得这其实对行业的长期发展是不利的，因为我们知道补贴的下降是必然的。如果补贴的下降并没有伴随成本相应的同比例的下降，后面就会看到整个光伏行业的盈利能力出现一个剧烈的下滑。那么如果没有把核心技术实力提升上来，没有找到一个成本持续下降的一个有效的通道的话，那这个行业等于说结束了。

这是我一直很担心的地方，我们知道全产业链的成本下降的路径，最开始的时候是改良西门子法，后面的话开始压缩中游制造业的利润，现在把多晶硅搬到新疆去，然后用低电价的成本来下降整个产业链的成本。但是多晶硅的成本降到了一定阶段以后，又开始回过头压缩中游制造业的利润，我们看到整个过程中赚的还是中国的低成本劳动力的钱，在核心技术上还是没有取得突破。

所以这个事情我们觉得还是有些问题的。如果这一两年相关企业没有在这么好的发展时期内重视技术的话，那我们判断到2016年整个行业的发展可能会面临一个很大的问题。

Q：怎么看首航节能和中利科技？

A：首航节能这个公司我覆盖的倒是不多，因为它传统的主业相对来说是非常平淡的，特点就在于管理层可能是有比较雄厚的背景。所以转型的方向包括他们提出的思路在整个资本市场都比较超越一般公司，包括一开始他们讲的海水淡化，还有现在讲的光热发电，基本市场上讲出类似故事的都很少。

我觉得这两年的市场有一个特点，因为整个国内都在转型，所以资本市场对于讲新故事或者是新方向，只要是讲新东西的公司都会十分的宽容，不会像以前出现这种传统的震荡式的时候对于上市公司的审查这么严格。包括对整个上市公司管理层、对业务、对现金流的考察都不会很严格。

从2013年到2015年，可能整个市场更多的还是关注企业转型后的方向和业务空间，因为整个市场相对是宽容一些，所以对于这类公司来说他们是有一定的发展机遇的。

中利科技也是一样，我们知道过去他们的管理层是有一个不大好的历史记录的，对于行业的趋势判断在 2011 年的时候他们出现过一次重大的失误。那个时候收购同辉收到了一个高点，导致后来几年都在不断地进行现金补偿。所以市场上很多投资者会质疑管理层的一个执行能力，2014 年前三季度，我们也觉得该公司在资金上面遇到了一些麻烦。

我们的判断是这个公司还要再观望一下。就 2015 年来看，整个光伏行业对于标的的筛选会更加严格，因为越来越多的公司开始走进增发流程，拿到钱以后去投资。但我们知道光伏行业有一个变化，就是 2015 年开始禁止路条的倒买倒卖，所以很多依赖于买二手路条去开发电站的公司 2015 年可能会受到一个不小的冲击。所以这类的公司相对来说还是要观望一下。

Q：首航节能没有杭锅股份好，您怎么看？科陆电子怎么看？

A：关于杭锅股份，确实我们覆盖的分析师比较少，之前我也去调研过。这俩公司都是属于主业很差然后去做转型的公司，我觉得这种转型的标的，他们的主业并没有做得很好，管理层并没有在主业上面证明自己有成功的运营经验。现在去转型新的业务，如果从长期的产业投资或者实业跟投的方向来看我是不建议的，但是从股票炒作的方向看我觉得可能会有阶段性的机会。

这一类的公司包括首航节能、杭锅股份和科陆电子其实都是涨得挺好的。科陆电子就是一个很典型的自家高管拿自家股票的一个公司，这些公司基本上就是无脑买入的一个概念。

但是从 2015 年来看，这些公司都进入了一定程度上兑现期。不一定要兑现业绩，但要兑现项目，从兑现项目开始然后兑现业绩。我担心的是这些公司有几个能够真正地兑现。

所以我想说，尽管从这个趋势延续的角度来看 2015 年整个行业的投资方向还是做转型，但是可能要比之前难一些。

在 2014 年，其实很多转型都是小市值、壳资源或者高管拿自家股票。根据这样的一系列有诉求的角度就可以了，基本上市场不去考虑这个公司是否真的有能力做到转型。

但从 2015 年的角度来看，诉求大家多少都已经看到了，基本上没有高管不希望自家股票上涨的，可以说所有人都有诉求，尤其在这样一个结构性牛市的时代。但是 2015 年可能要考察公司是否有能力，所以科陆电子这样的公司，它传统上是一个做电表的二线企业，后来虽然做了很多业务，但是无一例外都很一般。所以对这样一个资质一般的公司，我们根据过去的经验确实没有办法说它未来会有多么的杰出或者优秀的表现。

我并不是要针对这个公司，可能这只是一种现象，就是很多人想涨，所以市场就配合涨。但是2015年可能光靠想还不够，还需要有能力去证明，因为故事可以讲一年，到第二年你必须要有东西跟上，如果没有东西跟上的话可能就比较麻烦一点。

Q：特变电工有光伏、风电，应该如何看？

A： 关于特变电工，我觉得从做实业的角度来看，还是比较有章法的，有条不紊。关于未来的发展方向，我们觉得它会成为一个独立的能源商。现在它不仅仅有光伏和风电，还有自备电厂和火力发电，同时还有煤炭资源，现在欠缺的或许就是一张售电牌照。

我们知道，2015年3月电力体制改革的方案推出了，其中很大的一个特点就是要放开售电端。未来会出现很多售电公司，特变电工的优势在于有一个综合性的发电资源。所以从它的地理优势以及所掌握资源的角度来看，我们觉得这个公司未来还是大有可为的。

IT产业变革图景

国金证券研究所计算机行业高级分析师
郑宏达

在云端发生的“由硬到软”的变化

大家好，今天在阿尔法工场聊一聊我们对整个计算机软件产业的看法。同时，我们也带来香港投资者对 IT 产业的看法。

回顾 2014 年计算机行业的行情，整个指数涨了大概 30% ~ 40%，到底什么原因驱动了这么一波涨幅，我们要分析一下，是业绩原因吗？不是，从业绩报、中报、三季报来看，其实是大面积低于预期，显然不是业绩的原因。

那是估值的原因吗？也不是，2013 年已经涨了一大波，其实 2013 年年底很多公司已经把下一年的估值透支，所以也不是估值的原因。那是什么原因？我们觉得，是整个 IT 产业从硬件向软件过渡的大背景，软件是主导未来 IT 产业发展的主体。

我们可以把整个 IT 产业分成云端和终端。云端发生的事情是，我们可以把海量低端服务器组合在一起，代替若干台大型 IBM 的机柜。

IT 架构的变化，从分布式代替以前垂直式的管理架构，所以现在腾讯、阿里、京东这些互联网公司的 IT 架构，已经变成海量低端服务器的采购，这也就是为什么联想收购 IBM x86 服务器这个业务。x86 是一个非常低端、毛利润很低的架构，联想去买的原因，就是因为这个 IT 架构未来市场价值很大。

其实这个想法在 2010 年谷歌提出云计算的时候就已经有了，当时仅仅只是想法。但去年有了一款 Hadoop 开源分布式软件，使其成为了现实。这种 IT 趋势已经确定，不确定的只是相关的时间表。因为需要开源的架构，有很多公司加入进来，逐渐丰富其安全性、稳定性。

在这种趋势下，我觉得两个结果非常重要：第一个，对硬件性能的要求在下降，比如说用 1 万台 x86 替换 10 台、20 台、100 台服务器，没关系，甚至可以买更便宜、更廉价的服务器来替换。

第二点，IT 架构对硬件的投入出现拐点性的下降，这个投入的成本是以前的 1/10，节省了 90%，把节省下来的钱投入到软件、服务端，整个 IT 的结合中心。由于硬件出现急剧性的低端化，整个中心上移，由软件来决定整个架构的性能，这个就是在云端发生的 IT 趋势变化，是由硬到软过渡的大背景。

在终端，在智能手机端，智能手机的渗透率要超过 70%，整个智能手机随着渗透率的提升，角色变化跟 PC 走过的路一样。随着渗透率的提升，都是从像游戏机的工具，向跟人们生活、工作更为紧密的角色在演变。只不过，智能手机把 PC 当初十年的时间压缩到两到三年。20 世纪 90 年代，当 PC 渗透率达到一定程度的时候，微软和 Lotus 这些大的软件公司成长起来。

智能手机的渗透率要超过 70%，表明以触摸屏为代表的整个硬件创新的一大波浪潮已经过去。一定会在软件、应用端出现爆发性增长，这是在智能手机端发生的事情，也是从硬件到软件创新过渡的产业大背景。

从云端也好，从终端也好，未来三年，软件的创新决定 IT 下一阶段的周期。这个周期不会短，不会在一两年内结束，肯定会持续下去。我们会看到，以两到三年为创新周期、以软件为主导的行情。

具体的投资方向

关于具体的投资方向，我们这段时间在香港为投资者路演，他们也非常看好这几个方向。

第一个是地图，位置服务，香港投资者非常看好这个方向。位置服务是移动互联网区别现在互联网的一个非常重要的维度。典型的是做基础数据的四维图新，还有做三维热点地图的中海达，以及在香港上市的天下图。

关于这几家企业，之前市场一直在纠结，认为地图没有很好的商业模式。其实大家可以看一下，百度每个季度都会出一份移动互联网趋势报告，在季度趋势报告中总会按受欢迎度从大到小列出几款最受欢迎的产品。

在 2014 年第二季度报告中我们看到，第一款仍然是搜索框，第二款已经是百度地图，单季度用户点击量达几亿次。也就是说，地图 APP 已经逐步成为顶尖用户量的 APP。

我们都知道，对移动互联网来说，商业模式一定是金字塔形的。底座一定会在大规模用户应用基础上，才会慢慢形成商业模式。

之前有人一直说地图是一个入口，但是没有看到用户把地图当作一个入口，没看到用户量和习惯等用户数据。但现在，通过百度的报告，我们发现用户越来越频繁地应用地图类的 APP，所以趋势就是地图 APP 的使用越来越多，商业模式的形成就只是时间的问题。

关于四维图新我之前写过很多报告，并一直在跟踪。它的股价分为两个阶段：阿里入股高德地图之后，四维图新会不会跟腾讯合作，事件围绕着预期在走。预期加强，股价涨，后来果然阿里入股高德地图，腾讯入股四维图新，预期结束。第二个预期，腾讯和四维图新会不会有实质的化学反应，会不会有实质性的合作，是股价新阶段的反映。

所以，前段时间我们看到，腾讯和四维图新联合发布了 V-Drive 车联网产品，这是腾讯入股后联合推出的第一款产品。这款产品出来，其实已经表明他们的合作开始，股价进入第二个预期，腾讯和四维图新的合作才是四维图新股价的核心推动点。如果再有事件性的催化，比如这次推出车联网产品，下次会不会还有移动互联网产品，这种合作产品的推出，是四维图新股价的推动力。

另外一个标的中海达，也是我们一直重点覆盖的品种，我觉得它是非常好的成长股，跟美国天保很像，走的路也是一样。天保现在是 100 亿美元市值，中海达在过去 10 年年均增长 30%，差距也在慢慢缩小。中海达主要做三维热点地图，现在也涉猎商场室内导航、商场商品的智景。把它做下来，自己用也好，兄弟互联网公司用也好，这是它这几年新做的东西。

我们比较看好中海达长期的成长性，它一定会跑赢计算机行业指数。如果一个投资者看好计算机板块，中海达一定要配置。它是一定会跑赢行业指数的，同时也是业绩稳定增长的标的。

第二个方向是移动互联网。我们觉得 A 股最好的移动互联网标的是通鼎光电，也是我重点推荐的品种。它是做一个流量的入口，通过这个 APP 可以监控流量、查看、分享、运营。跟联通、电信合作，走预装这条线，预计 2015 年达到 5000 万～ 7000 万级用户数。

现在差不多一个用户一个月能贡献 0.5 元收入，这个公司的好处是不用大规模烧钱获得用户，这是第一个特点。第二个特点是，在用户量比较少的时候，它已经形成收入。这两个特点与众多的互联网或移动互联网公司相比是比较好的。

它的用户增长渠道是运营商联通、电信的预装，这两个运营商加起来在 2015 年的装机量可以达到 1.5 亿部。如果按照活跃用户数 50% 算，就是 7000 万部 ；如果按照 30% 算，就是 5000 万部。现在的活跃用户将近 90%，所以 2015 年用户数达到 5000 万～ 7000 万的可能性非常大。

从大的逻辑来讲，一直有这么一个问题：到底什么是用户在智能手机上最核心的需求，是游戏吗？我觉得游戏不见得是，因为一个手机可以不装游戏。

游戏是辨识能力最好的一个方面，但不一定每个用户都有非常强的需求。社交一定是，但社交被微信占了；地图、位置也是，但被百度地图占了；那么安全呢，因为未来越来越多的人都会通过手机来支付，安全也是一个好的方面，但被360占了；流量查看、监控、分享和运营，这个是不是用户在智能手机上最核心的基础性需求？我觉得是，目前来看是被通鼎光电占了，所以我们很看好它在2015年的发展。

价值方面，我们觉得可以分开布置。下面来谈一谈光纤光缆和移动互联网业务。光纤光缆在2015年或许能做到2.4亿～2.6亿元，给个15倍、约40亿元的估值；移动互联网的用户，一个用户给到100～150元的估值，这个估值大概是100亿元，但是还有很大的空间，所以我们继续看好通鼎光电这个标的。

第三个方向，大数据。因为只有到了移动互联网时代，大数据才可以变现。在之前的PC互联网时，只能做一些比如“100万人中有多少人喜欢吃苹果，多少人喜欢吃梨”等这样一个统计。

在PC互联网时代，我们无法知道坐在电脑面前的是谁，是我爸还是我。但是在移动互联网时代，一个手机号对应一个手机，一个手机对应一个人。在这样一个精准统计数据的分析下，可以做一些精准的营销和变现。

其实发生在手机上的所有行为，运营商都有数据，完全可以监测到都浏览了什么。比如浏览了一款车，就马上可以发一条短信，来介绍这款车现在在促销。之所以没有这么干，是因为这样会把消费者吓着的。

但实际上，大数据在移动互联网时代可以做精准营销和数据变现。在这方面我们看好A股中做大数据的东方国信，它正在从单一的运营商、一个数据分析的角色，向金融和其他行业拓展，但可能还是继续走外延发展的道路。它也是我们看好的标的。

近期我们在挖掘的个股是梅安森，是一只30亿元市值的股票。它之前主要是做煤矿瓦斯的公司，我们给他的一句话评价：一年前的东方国信，两年前的中海达。

为什么这么说呢？一年前的东方国信，只是做运营商数据分析的公司；两年前的中海达，是做测试的公司，它们的共同点是行业单一，市场都只给 20 倍估值。但经过一两年的发展，它们都已经在横向行业应用拓展，纵向产业链延伸方面做了大幅度改善。

所以，市场都给了它们 40 倍估值，梅安森也是这样。现在它的主业是做煤矿瓦斯监测，一个非常基础的行业，但是它在布局很多其他行业的应用拓展，包括地下管网、检测，以及环保等行业的应用。这些行业的应用，在 2015 年预计爆发达到 1 亿多元的收入，占整体收入的 30% 左右，到 2016 年，煤矿瓦斯监测主业收入可能下降到 50% 以下。在这样的背景下，我们不能给一个煤矿瓦斯监测行业仅仅 20 倍的估值，如果给它 30 倍估值的话，还有 50% 的空间。

当然在这之前，天堂硅谷也入股了，预计也会给它带来很多外延发展的机会，进一步提升估值和盈利能力。梅安森是我们为 2015 年准备的重点战略品种。

问答

Q：目前，梅安森这个标的各个财务指标都不好，股价是不是暂时被高估了？等回调才是介入的机会？

A：我们这么判断。它在 2014 年前三个季度的业绩持续下滑 20% ~ 50%，按照完成股权激励计划要求的话，是下行 30%。其实 2014 年 10 月份它在等一个大的项目，出来了，完成股权激励的问题不大；其实就算大的项目不出来也没关系，因为市场也不关心它 2014 年的业绩。否则，如果第三季度业绩出来如此之差，股价也不跌，市场也不关心。

但是它做了三年股权激励，第一年没完成，第二年总要完成。三年股权激励第二年都完不成的话，实在说不过去。如果看第二年业绩的话，现在的估值是少的。

Q：拓尔思这个公司怎么样？

A：提到拓尔思，话需要说长一点，要说到大数据产业链。大数据产业链，可以分为三部分：上游数据拥有者、中游数据技术处理公司、下游数据相关应用。

目前来看，在美国，PE（Private Equity，私募股权投资）、VC（Venture Capital，风险投资）、二级市场最看好的领域，是中游的数据技术处理公司，这类公司享受30～40倍的估值。但是这个领域技术门槛要求非常高，所以一定不会存在很多公司，这也不是中国公司擅长的领域。

中国公司擅长下游的数据相关应用行业，贴近用户来做应用，贴近行业来做应用，比如东方国信。这样的公司不好的地方，在于跨行业的应用比较差。不是一个行业，想跨到别的行业做应用，比如运营商跨到金融，必须通过招人或收购来完成，东方国信就是走的收购这条路。

拓尔思就是走的中游的数据技术处理公司这条路，做技术分析。这类公司在中国市场的相对空间较小，但我们看到拓尔思也在通过并购向下游做拓展应用，我觉得这是好的。如果它能继续做下去的话，我觉得有非常大的发展前景。

Q：新大陆这家公司怎么样？

A：说到新大陆，需要谈到支付这么一个方向，也是我们看好的方向。支付现在是两个体系，一个是 NFC，一个是二维码支付。我们比较看好阿里、腾讯的二维码支付体系。它的支付体系，优点在于利益链条比较清晰，BAT（Baidu Alibaba Tencent，百度、阿里巴巴、腾讯公司）中国互联网公司三巨头、用户、银行，就这几个组成部分。而 NFC 支付，牵扯的利益方太多，导致现在在中国没有很好发展起来。在二维码支付体系中，最大的受益方一定是这些大互联网公司，但也有 A 股公司搭这个快速发展的快车，新大陆就是一个。

投资者手册

一套不完美但有效的交易模型

中国出口信用保险公司
赵玉涛

经过自己的深入研究，目前我已经形成了自己能够坚持的一套体系，虽不完美，但是有实效。很高兴在阿尔法工场股票群与大家分享。下面先简单介绍交易模式，然后分几个方面重点介绍，最后选取几个实例做系统分析。

在此需要声明的是，在阿尔法工场股票群里，有很多大师级的人物，我从他们的荐股中分析他们的选股思路，很受启发。前几期各位老师的讲解也很生动，水平很高，我的收获很大。因此在这里先向各位群友、各位老师表示谢意。

交易模式简介

我学习的范围涵盖了趋势、均线、技术指标、K 线、形态、量、黄金分割位、基本面分析等。在观察大盘和个股的时候，经常从多个方面着手判断。多数情况下，各个方面之间给出的信号不一致，这时候就要很谨慎、很小心。但是在多个方面给出的信号一致的情况下，就会很大胆的操作。

选股不能拘泥于某种形式。在不同的时期，大盘和个股会有不同的表现，需要认真解读。机构是大资金，进出不自由；散户则船小好掉头，自由度较大，不同于机构。这些理念一定要搞清楚。

下面我从止损、买入、卖出、综合分析等方面介绍。

止损

之所以先谈止损，是因为止损是保护资金最好的办法。十次止损有九次是正确的。被套牢的，一定是没有做好止损。那么，怎么做好止损呢?

最传统、最简单的止损是按照一定的亏损百分比执行，比如亏损 10%、8% 止损。但是从我最近一年多接受别人咨询的情况看，机械地按照亏损百分比止损是有误区的。为什么呢？

我总结了一下，主要是介入时点不对。很多人喜好追涨杀跌。在追涨的情况下，已经买在了略高的位置，稍微一回调，就到了止损点。因此，除非是极个别的强势股，否则不要追高买入。要在合理的位置买入。对于什么是合理的位置，我在下面一节中讲。

和止损相对应的，是止盈。就是盈利了，什么时候出来？经常遇到一种情况，就是已经盈利到一定程度，还想再多赚一些，然后出来。但是结果偏偏没到预想的位置，就下跌了，不甘心出来，结果没几天盈利没了，甚至转化为亏损，心情颇为沮丧。

我遇到的这种咨询也很多，对方既痛心又惋惜。这就涉及合适的卖出价位。什么是合适的卖出价位，我在第三节专门介绍。

有一些人说“没有盈亏，只有买卖”，这话有一定的道理。如果把握好了买卖的时机，就做好了止损止盈。

买入

阿尔法工场股票群是每周末荐股，就相当于在周一开盘买入。

事实上我们在实务操作中不会这样操作。我们可以自由选择买入时机。理论上来说如果大家足够理性的话，实盘操作应该比每周荐股计算的收益更大。下面我介绍我是如何选择买入时机的。

首先看趋势，要排除处于下跌趋势中的个股。如果一只股票处于下跌趋势，那么不要买入，因为不知道它会跌到哪里。

处于上涨趋势中的个股，尤其是大幅回调后刚刚开始处于上涨趋势的个股，可以重点考虑。

趋势除了上涨、下跌，还有盘整。对盘整的情况，要与历史情况对比，判断所处的位置，要结合其他方面综合考虑。切不可以想象、臆测、武断。

谈过了趋势，其次谈均线，均线是和趋势紧密相连的。均线的走势揭示了趋势的走向，但是比单纯的趋势能够给出更多的信号。

多根均线结合在一起，往往能够解释后续的走势；中长期的均线往往具有典型的支撑、压制作用；均线和 K 线结合在一起，往往能够解释后续的走势。图 1 是万科 A 从 2013 年 5 月到 2014 年 6 月的走势。

在到达高点 12.20 元后，股价下跌，5、10、20 日线连续死叉，连续下跌 8 个月。在相当长的时间里，是沿着 20 日线下行。在 2014

年3月份，5、10、20日线连续金叉，突破60日线后，遇120日线的压制作用盘整一个多月，接下来是受到年线压制后盘整。这在一定程度上体现了均线的作用。类似的情况非常多，大家可以仔细观察。

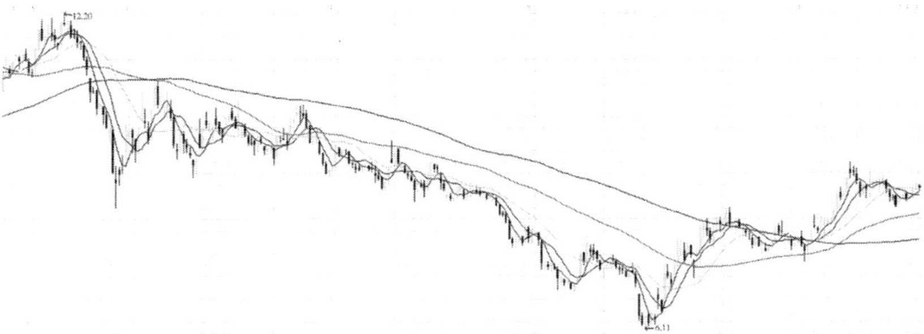

图1

下面介绍几种典型的均线买入信号。

一是5、10、20日均线连续金叉。像图1中的万科A在到达低点6.11元后的走势，就是这种情况，这时候买入至少不会亏损。前面说了，空头排列情况下不要买入，现在是空头排列，为什么可以买入呢？因为对于万科A来说，这里是近四年的低点，有比较强的支撑作用。在这个位置形成的均线金叉，往往预示着大底形成。

二是5、10、20日均线一次性金叉。也就是三条均线在某一天交叉在一点，然后发散向上。仍然以万科 A 为例（图 2），在 2014 年 5 月 14 日，5、10、20 日均线交叉在一点，然后股价盘整，均线向上打开，后续出现一波上涨，至年线位置。

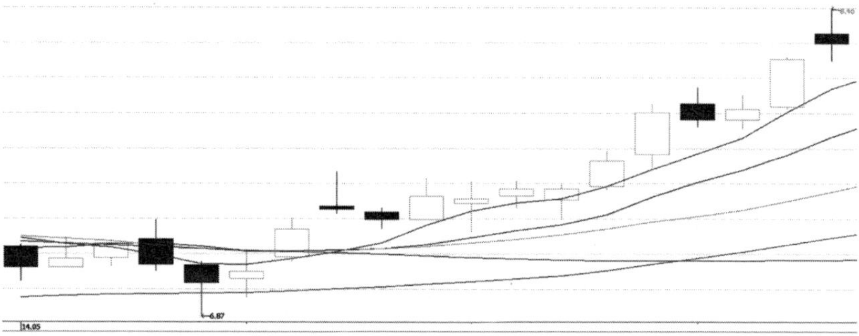

图2

三是均线黏合后向上打开，均线向上分散。我在自选股里找到了华策影视，5、10、20 日线黏合后向上打开，如图 3。

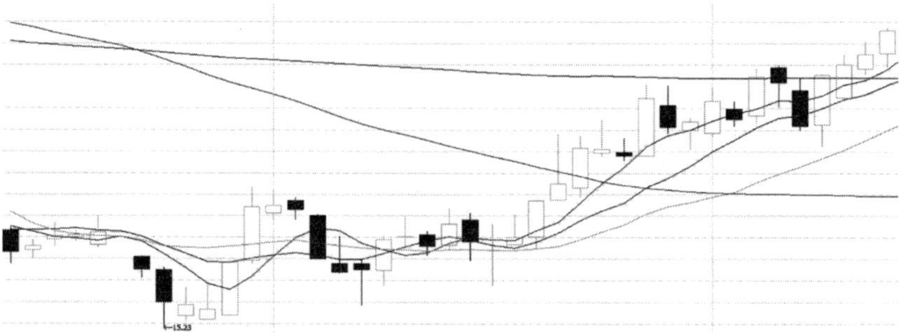

图3

这是三种比较典型的买入信号。需要注意的是，不是所有的买入信号都是绝对准确，只是概率较高，值得关注。对于任何种类的信号都是这样，对此一定要谨记在心。关于均线提示的加仓信号，需要结合其他信号综合判断。

接下来再次介绍一下技术指标的使用。技术与指标有很多，比如 MACD（指数平滑异同平均线）、KDJ（随机指标）、RSI（相对强弱指标）、EXPMA（指数平均数）、TOWER（宝塔线）等等。懂技术操作的人都会对此有所了解。我在研究使用了多项指标后，到目前主要使用 MACD 和 KDJ 进行判断，其他的基本上放弃了。

对 MACD 的使用，主要采用金叉和底背离给出的买入信号。对 KDJ 的使用，主要是其 KD 金叉、金叉的位置、金叉的角度和 J 值的大小。需要说明的是，两项指标的使用有失真的时候，也就是说，金叉后未必涨，死叉后未必跌，背离后还会继续背离。如果出现黏合状态，则无法使用。必要的时候，可以使用 DMA（平行线差指标）作为对 MACD 指标的补充，稳健，有效性高。下面仍以世纪华通为例，如图 4。

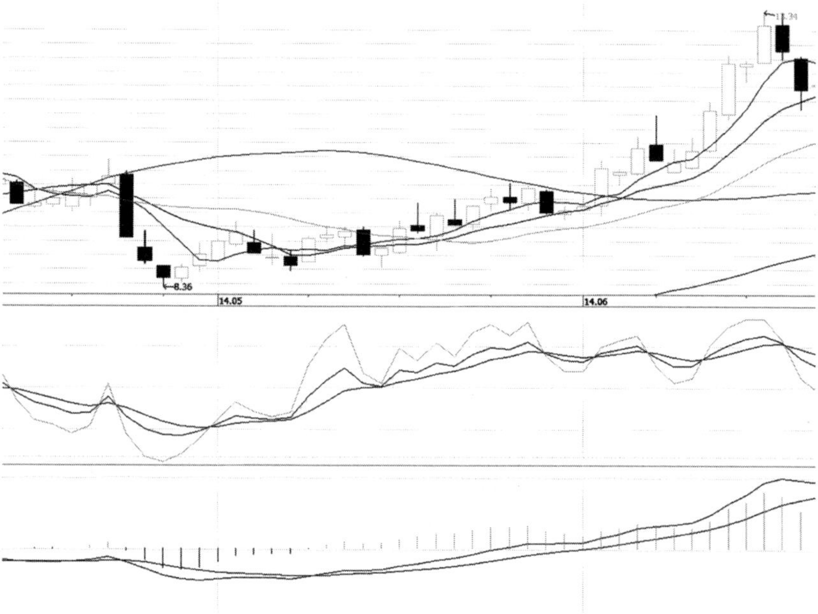

图4

我们看到，MACD 金叉后股价上升，可以作为买入依据 ；不过此时 KDJ 处于黏合状态不能作为买入依据。

由于 MACD、KDJ 是通用的指标，在百度上有详细的介绍，我在这里就不多介绍了。下面我介绍一下 K 线。

K 线有很多种组合，有很多书专门介绍 K 线。我在这里向大家推荐《日本蜡烛图技术》这本书，丁圣元翻译，比较经典，总结得很好。

估计有人对单纯使用K线有很深的造诣，不过我是没有的。我需要把K线和各种指标结合起来才能作判断。因此我先介绍我把握的最好的几种K线，然后我们进入综合分析阶段。

我最有把握的是锤头线和倒锤头线。经过一番下跌之后，出现一个实体部分较小、基本没有上影线、下影线是实体部分两倍以上的K线，为锤头线；如果基本没有下影线、而上影线是实体部分两倍以上的K线，则为倒锤头线。这两种K线都是见底的迹象。但是需要注意的是，是否确认为锤头线、倒锤头线，需要根据第二天K线是否上涨收阳来定。不上涨，则不是。图5和图6可作为参考。

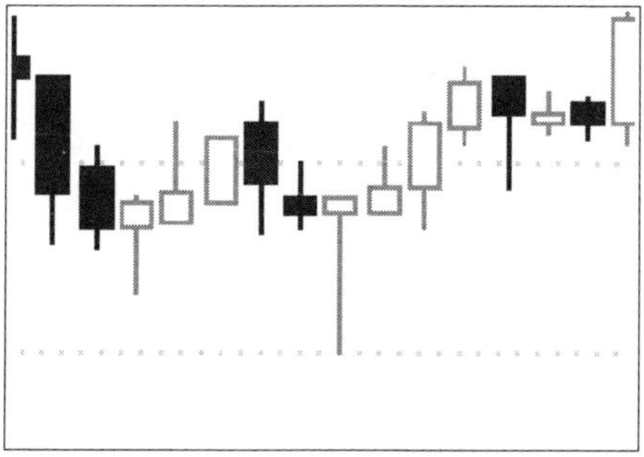

图5

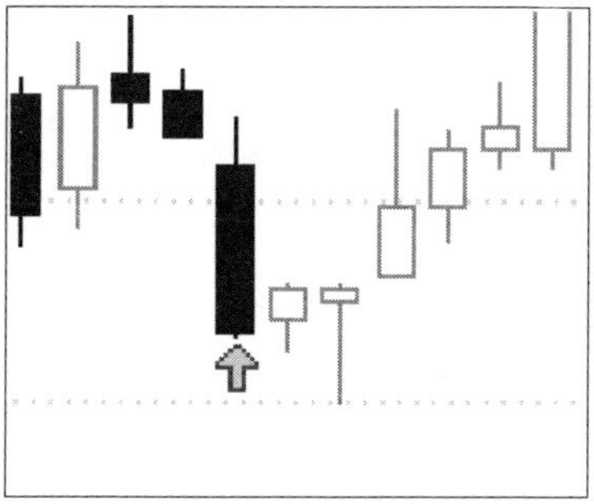

图6

图 7 是十字线和纺锤线。

图7

图 8 是岛形反转。

图8

其他的还有阳吞阴、三连阳、早晨之星、塔形底等等，有很多，需要记忆。

以上分别介绍了趋势、均线、技术指标、K 线，其他方面的如形态、量、黄金分割位、基本面分析等等，我就不多做介绍了。在简单介绍卖出分析之后，我们转入综合分析，综合多方面技术选股。

卖出

在趋势向下的情况下，一般不宜买入。如果持续向下，应该选择卖出。

在均线空头排列的情况下，一般不宜买入。出现下列情况时，需要卖出：一是 5、10、20 日均线先后死叉；二是 5、10、20 日均线在某一点同时死叉；三是 5、10、20 日均线黏合后死叉。这三种情况与依据均线买入的三点相互对应。

在技术指标方面，MACD 死叉、顶背离，KDJ 死叉是卖出信号。如果指标信号出现黏合的情况，则不具有参考意义。同样要注意两项指标存在信号失真的情况。

K 线方面，如果出现吊颈线、射击之星、顶部十字线、纺锤线、岛形反转、黄昏之星等情形，则是见顶信号。上证指数在2009年8月4日出现典型的吊颈线，在2010年11月12日出现断头铡刀，是典型的K线见顶形态。

基本的技术讲多了不容易记住，也不容易理解。下面我们结合实例，进行综合分析。为了让大家更容易理解，我先选择我在擂台赛推荐过的个股，以及朋友们咨询过的几只个股作为范例。

综合分析

第一只是世纪华通。该股在停牌三个月后，再次开盘即连续拉13个一字涨停，随后放量盘整后下跌。在2014年2月25日出现了射击之星的K线，为见顶信号。随后从29.70元一路下跌至16.78元。同年4月24日的大阴线，俗称断头铡刀，预示后市下跌。但是从已经大幅下跌的情况分析，此处出现断头铡刀应该是骗线。

同年5月中旬，该股MACD出现金叉，股价开始横盘整理，下旬形成多头态势。此时需要高度关注。

同年6月4日，一举突破60日线，此时在5日线上方呈现温和放量。在这种情况下，应该大胆买入。根据沿哪一条均线上涨，就应该在哪条均线附近买入的原则，不宜追高，应该在 5 日线或 10 日线附近买入。由于 5 日线、10 日线距离较近，因此在 5 日线、10 日线附近买入并没有太大差别。

该股前期高点形成的压力位置在放量盘整的 26 ~ 28 元之间。2014 年 6 月的价格是 24 元左右，距离上方压力位置之间的空间已经不大，如再介入时机已经不是太好。

第二只是天华院，是我曾经推过的个股。之所以推该股，是因为我选股的时间非常有限，看不清大盘走势，感觉会有一个大幅调整。稳妥起见，选择在已经跌至前期底部的个股，不求上涨，但求不要大幅下跌。

第三只是三维丝。该股在 2014 年 5 月 16 日出现一根十字线，且下影线较长，前后期间 MACD 黏合。同年 5 月 23 日涨停，一根大阳线穿透多根均线，类似于蛟龙出海，MACD、KDJ 均金叉，为上涨信号。

第四只是石基信息。该股在 2014 年 4 月 29 日无量跌停，随后在同年 4 月 30 日接触年线后，受年线支撑，低开高走，拉出一根不大不小的阳线。随后一个交易日是 5 月 5 日，缩量涨停，MACD 金叉、KDJ 金叉。在半年线及以下均线黏合后，再次上涨，后续均线将再次打开。

第五只是北方创业。该股是在 2014 年春节前后有朋友提起，那时我判断当时并非为最佳买入点。因为从历史看，半年线是支撑，应该等回落至支撑均线的时候再买入。而且从非行情类的基本面资料以及年报、公告分析其基本面来看，该公司具有军工背景，技术实力强，市场空间大，有很大的成长空间。因此从当时看可先关注，并等待均线买点。

第六只是金花股份。该股从 2013 年 11 月份起，连续受到年线支撑。2014 年 5 月 28 日出现锤头线，并在同年 5 月 19 日至 30 日连续得到年线支撑，随后 KDJ 金叉、MACD 金叉，这时候应该买入。

受时间限制，以上介绍并不完备，仓促之间缺乏系统性，加之个人水平有限，不到之处还请大家指点。希望和各位群友多交流，并学到更多知识。

打造一只坚强的对冲基金母基金

喜南富投资（Zenith Investments）CEO、创始合伙人
李健豪

我在投资银行已经拼命工作20年，分别在伦敦、纽约、中国香港、日本、新加坡打拼。我个人的经验，是做信贷对冲和宏观的货币对冲。在法国银行，我管理过3亿美金的高收益债、可转债的投资，另外也管理过4亿美金的外汇、衍生性工具的投资。

之后，我在摩根大通也做过很多不良资产，包括公司不良资产及公司不良债的重组、并购，资产证券化，跟很多比较大的对冲基金进行跟投的合作。在亚太金融危机1997—2000年间，帮很多大的投资基金一起在危机之中赚了很多钱。

我在瑞信也做过亚太区可转债部门的主管，当时我们也做了很多比较有新意的可转债方案，大部分是跟全球的对冲基金做一些跟投。

我们的方案，收益大概在20%～30%，跟比较有名的对冲基金的合作也是非常紧密的，包括高桥资本管理、城堡投资集团、奥奇－齐夫资本、高雷全球资产管理，他们也是QDLP（Qualified Domestic Limited Partner，合格境内有限合伙人）的首批成员（备选的对冲基金公司：布里奇沃特联合基金、贝莱德、鲍波斯特集团、保尔森公司、安祖高顿公司、文艺复兴科技公司、埃利奥特、法拉龙资本管理）。

最近在巴克莱资本做了一个亚太区可转债、股票衍生工具投资的主管，在股票衍生品工具上有很多创新。我们买来的衍生的风险是，从一些银行的产品拿到一些衍生工具的风险，然后我们再销售给对冲基金，这也是跟对冲基金合作的一个非常好的对接。

因为我跟对冲基金的对接比较多，国际经验比较多，所以我觉得这些经验可以慢慢在中国本土化，可以贡献给大家，也希望在未来我们的对冲基金行业可以超过美国。

所以喜南富投资的目的，是看看我们怎么样可以把海外资源本土化，同时也希望可以帮到一些国内的对冲基金进行国际化。我们对上海对冲基金园区的贡献比较大，我个人也很荣幸可以做对冲基金园区的顾问。

现在来说，我们的重点是对国内众多的对冲基金进行研究，我们的定位是做一个比较专业的母基金。今天要跟大家分享我们的一个思路，要对整个行业有一个健康发展的影响力，我会展示一些图片，关于每一张图我们也可以再说说。

中国对冲基金母基金该治的问题

现在中国对冲基金行业是比较乱的。第一个问题是年化收益低。如图 1，夏普比率排前十名的公司可以超过 2，但整个行业平均来说是个负数。整个行业是很难筛选对冲基金的。

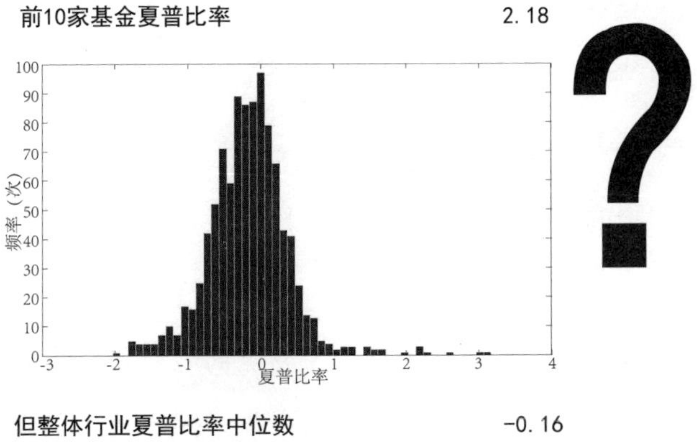

图1

我们也看到按照年化回报来说，前十名的年化回报超过 35%（图 2），但是平均整个行业来说，是一个非常低的回报。

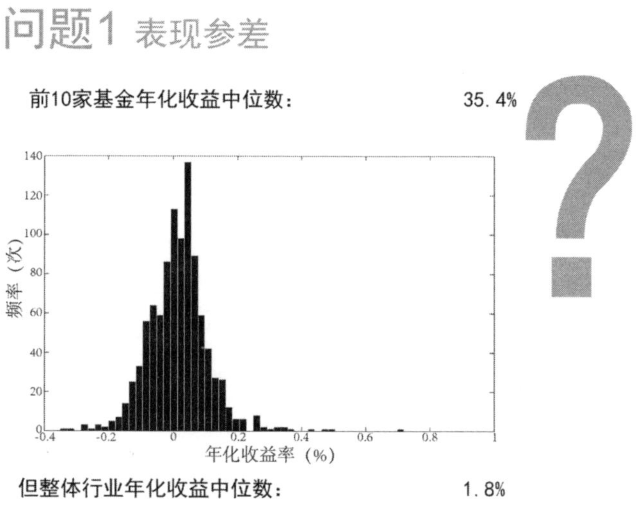

图2

第二个问题看整个行业，我们用一个热度图来分析。整个行业对冲基金回报的相关性是非常大的（图 3），所以有很大机会投一些对冲基金。

比如说我们投三到五个对冲基金，它们的相关性非常高，所以风险很高，因为它们是同一时间亏钱，也是同一时间赚钱。这会给我们的投资组合一个非常大的波动率。

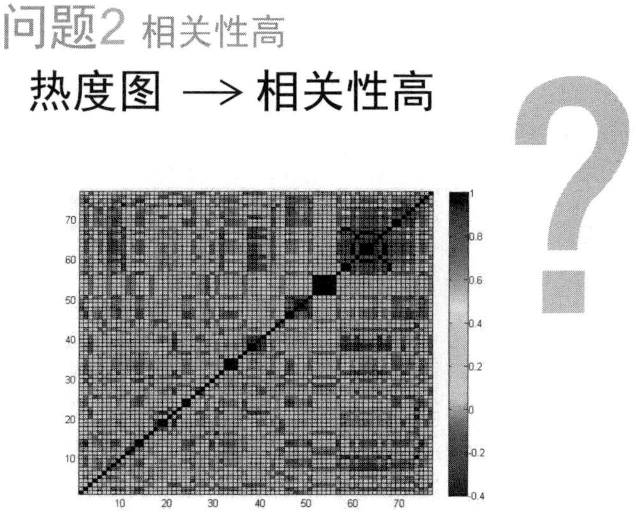

图3

第三个问题是，在中国我们筛选基金永远是用历史数据。它跑了6个月、7个月、8个月、1年，我们就会觉得这只基金未来的表现会非常好。结果我们用很多数据来看，实际它未来的回报是有非常大的差别的。

图4是一个投资组合的历史数据，平均年化收益率有10%～20%。当你真的投了它们，才发现这个组合的回报是非常低的。

问题3 依赖历史

单一研究 无法代表未来

2009年7月-2012年6月的历史表现				
夏普比率	年化波动率	年化收益率	基金名称	策略类型
0.577	21.1%	16.0%	六禾光辉岁月	股票型
0.674	19.5%	16.9%	林园	股票型
0.509	27.7%	17.9%	鼎辉1号	股票多空
0.563	27.1%	19.1%	混沌2号	股票多空
0.588	26.4%	19.3%	海洋之星1号	股票型
0.807	20.3%	20.2%	林园2期	股票型
0.845	20.7%	21.3%	林园3期	股票型
1.827	10.2%	22.4%	方圆增强	QDII债券
2.826	7.6%	25.2%	信合东方	相对价值
1.244	18.3%	26.6%	展博1期	股票多空

图4

我们用三年的历史数据来决定投一个基金组合，然后我们看到两年后它的回报是低于我们想象的（图 5、图 6）。

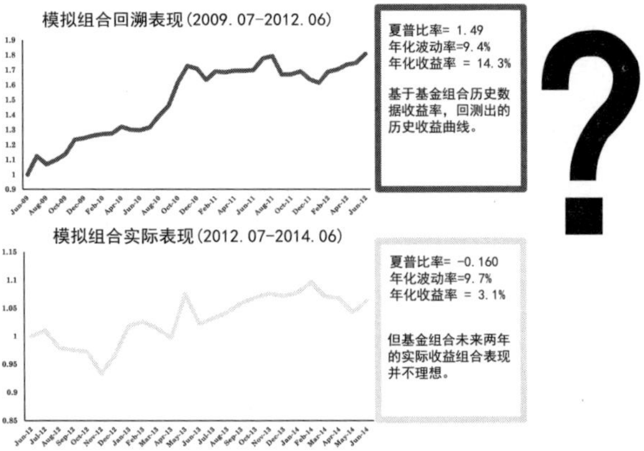

图5

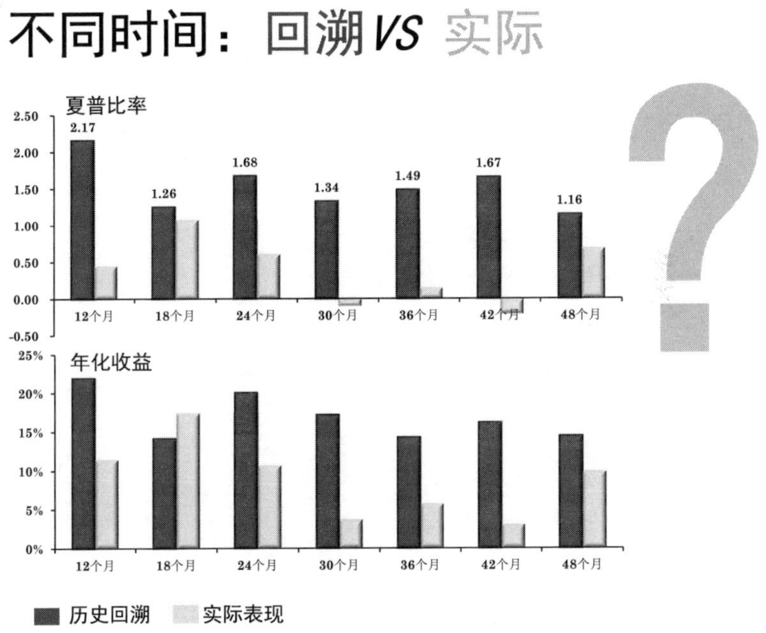

图6

所以我们筛选对冲基金不能只靠非常单一的技术，那会带来很多风险，会带来很多不同的相关性的风险。还有，同一时间我们也不能用一个非常简单的基金筛选模型，这会带来非常不理想的回报(图 7)。

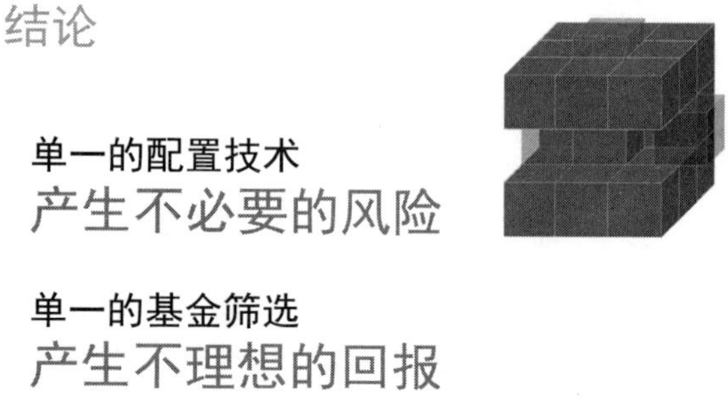

图7

问题如何解决

我们看到以上这些问题，共同制作了一套筛选模型，用它做了一个阿尔法排序（图 8）。然后我们用风险评价基数协助我们达到一个非常稳定的回报，建立起在每个周期的经济环境里可以收获到比较好的回报的一套系统。

我们一开始在对冲基金库里有 15000 家对冲基金。在我们的数据库里，首先把它们放在不一样的经济环境中并分成四个领域，再把在不一样的经济环境中表现比较好的基金分成四块（图 9）。

总策略 多维度体系

动态筛选 + 风险评价

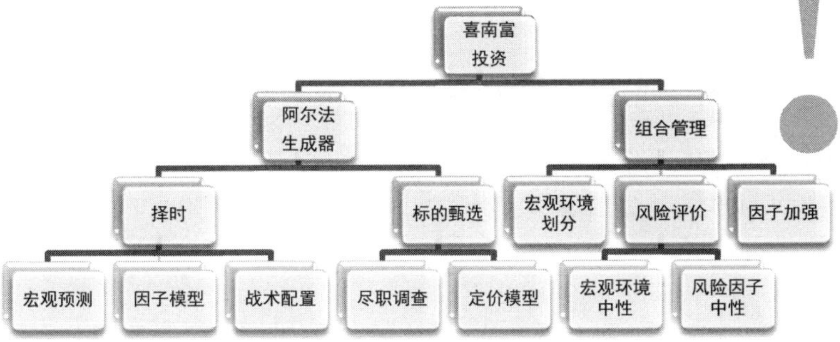

图8

动态配置1

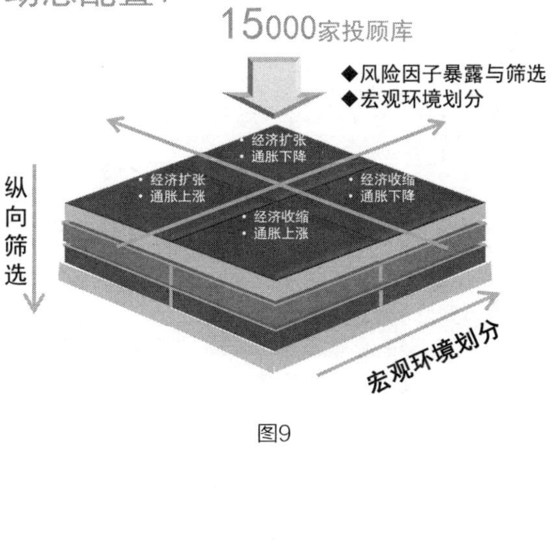

图9

为什么这样做？是因为每一个对冲基金永远是在某一个环境表现非常好，周期改了以后，它们的表现有时是会下降的。所以我们的做法是通过看它们风险的暴露，来决定它们在哪一个经济环境的表现最好。

这里有我们的因子筛选系统的截图（图 10）。但我们还是要非常小心，因为这些因子的相关性不能太高，太高的话也代表我们的因

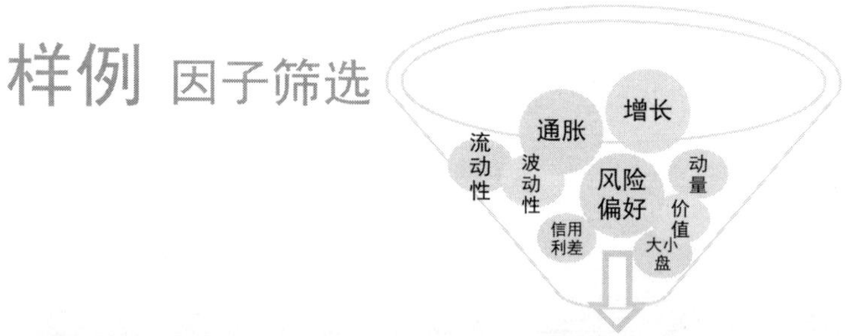

	增长	通胀	风险偏好	市场流动性	融资流动性	波动性	股指动量	商品动量	信用利差	大小盘因子	价值因子
增长	NaN	1.27	0.69	1.16	0.39	0.34	0.45	0.46	0.87	0.62	0.68
通胀	1.27	NaN	1.08	1.03	1.27	0.59	0.63	0.48	1.11	1.08	1.01
风险偏好	0.69	1.08	NaN	1.06	0.72	0.52	1.28	0.72	0.91	0.52	1.14
市场流动性	1.16	1.03	1.06	NaN	0.26	0.32	0.50	0.69	-0.02	0.63	0.72
融资流动性	0.39	1.27	0.72	0.26	NaN	0.14	0.38	1.12	0.99	0.98	0.11
波动性	0.34	0.59	0.52	0.32	0.14	NaN	0.35	0.37	0.37	0.06	0.23
股指动量	0.45	0.63	1.28	0.50	0.38	0.35	NaN	1.02	0.35	0.29	0.54
商品动量	0.46	0.48	0.72	0.69	1.12	0.37	1.02	NaN	1.51	0.77	0.36
信用利差	0.87	1.11	0.91	-0.02	0.99	0.37	0.35	1.51	NaN	0.78	0.74
大小盘因子	0.62	1.08	0.52	0.63	0.98	0.06	0.29	0.77	0.78	NaN	0.88
价值因子	0.68	1.01	1.14	0.72	0.11	0.23	0.54	0.36	0.74	0.88	NaN

图10

子筛选系统不行。通过图 11 我们可以看到，因子筛选系统每个因子之间的相关性是非常低的，我们可以非常好地分析每一个基金的风险暴露。

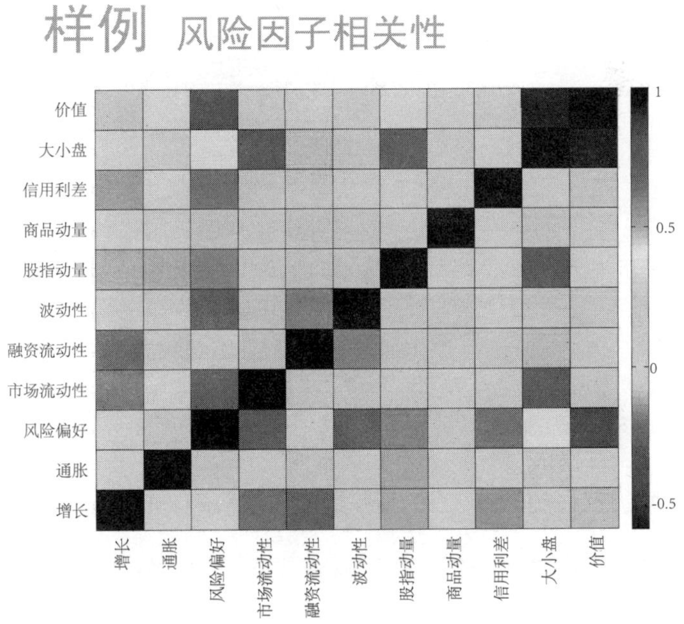

图11

我们用这个方法分析之后，15000 家对冲基金可以筛选出 200 家左右，按照每一个领域、每一个经济周期，筛选的每一块有 50 家左右（图 12）。

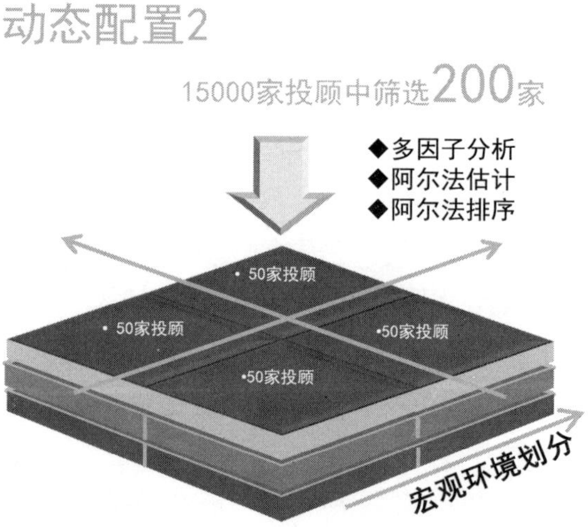

图12

之后我们会用一个阿尔法排序（图 13）来决定它们的阿尔法来源，还有回报贡献。当然这里只能看到 XNF 号码，每一个 XNF 号码是代表一只基金的，我们要先做好这个排序。

在做好排序之后，共可以筛选出 60 左右家对冲基金，每个经济环境大概可以筛选出 15 家（图 14）。

样例 阿尔法排序

Code:	基金成立日	Alpha	回报	夏普	Alpha Z	回报 Z	夏普 Z	总 Z	Rank
XNF:551	2011-12-13	4.81%	71.96%	1.91	5.03	8.23	3.58	5.61	1
XNF:549	2010-07-07	4.06%	42.92%	1.35	4.05	4.83	2.41	3.76	2
XNF:018	2010-10-25	4.39%	37.01%	1.43	4.49	4.14	2.58	3.73	3
XNF:498	2011-07-27	3.65%	33.86%	1.73	3.51	3.77	3.20	3.49	4
XNF:109	2009-01-01	2.41%	31.81%	1.92	1.89	3.53	3.59	3.00	5
XNF:397	2012-03-06	0.94%	15.49%	3.74	(0.04)	1.62	7.34	2.97	6
XNF:553	2010-07-30	2.75%	29.03%	1.35	2.33	3.20	2.41	2.65	7
XNF:325	2011-11-23	3.41%	25.60%	1.06	3.20	2.80	1.83	2.61	8
XNF:398	2011-11-21	3.45%	25.32%	0.95	3.25	2.77	1.60	2.54	9
XNF:464	2010-09-27	1.19%	16.84%	2.81	0.29	1.78	5.43	2.50	10
XNF:299	2012-03-08	2.21%	25.64%	1.65	1.63	2.81	3.03	2.49	11
XNF:552	2010-07-07	2.88%	26.89%	1.07	2.51	2.95	1.85	2.44	12
XNF:006	2010-11-24	4.23%	17.91%	0.65	4.28	1.90	0.97	2.38	13
XNF:579	2012-02-08	3.23%	21.28%	0.88	2.97	2.30	1.45	2.24	14
XNF:555	2009-06-15	2.17%	22.25%	1.11	1.58	2.41	1.94	1.97	15
XNF:546	2011-03-09	3.39%	16.83%	0.64	3.17	1.77	0.95	1.96	16
XNF:263	2008-09-26	1.86%	19.36%	1.26	1.17	2.07	2.23	1.82	17
XNF:004	2011-08-22	3.60%	11.60%	0.48	3.45	1.16	0.62	1.75	18
XNF:005	2011-07-22	3.65%	10.34%	0.45	3.51	1.01	0.56	1.70	19
XNF:107	2011-04-01	2.86%	16.24%	0.56	2.49	1.71	0.79	1.66	20
XNF:622	2008-08-26	1.73%	19.28%	1.10	0.99	2.06	1.91	1.66	21
XNF:548	2010-03-05	2.36%	18.42%	0.75	1.82	1.96	1.19	1.66	22
XNF:069	2012-02-28	2.27%	16.06%	0.81	1.71	1.68	1.30	1.57	23
XNF:550	2010-06-11	2.04%	18.17%	0.84	1.40	1.93	1.37	1.57	24
XNF:114	2010-11-15	2.23%	14.24%	0.86	1.65	1.47	1.40	1.51	25
XNF:238	2011-05-10	1.66%	15.58%	1.11	0.90	1.63	1.93	1.49	26
XNF:674	2011-04-21	0.65%	7.71%	2.18	(0.41)	0.71	4.12	1.47	27
XNF:281	2010-06-04	2.01%	14.94%	0.83	1.37	1.55	1.35	1.43	28
XNF:385	2012-04-23	2.36%	13.53%	0.64	1.82	1.39	0.96	1.39	29
XNF:086	2008-11-04	1.41%	17.44%	1.01	0.59	1.85	1.71	1.38	30
XNF:156	2011-09-23	1.58%	14.64%	1.05	0.81	1.52	1.80	1.37	31

图13

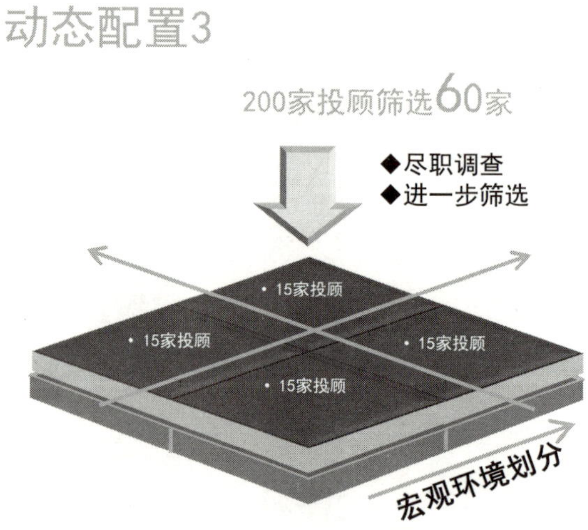

图14

之后我们开始对相应的对冲基金团队做研调，看他们的运营能力，也看他们的策略（图 15）。然后再用我们的模型来看他们的夏普比率、相关性、索丁诺比率（图 16）。我们有一个全部自动化的系统，可以马上给我们调研的团队做一个比较详细的报告出来。

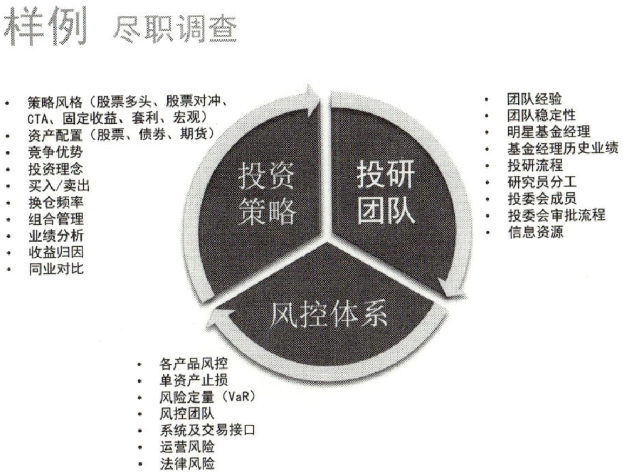

图15

样例 业绩分析

XXX	今年初到07/31/14	1年	2年	3年	自成立以来10/31/11
投资顾问收益分析					
XXX收益率	16.2%	11.1%	32.1%	NA	25.6%
标准差	9.8%	11.0%	17.0%	NA	15.4%
夏普比率	2.70	1.11	1.72	NA	1.61
索丁诺比率	NA	1.61	5.23	NA	4.84
偏度	1.22	0.30	1.47	NA	1.56
峰度	0.77	0.87	2.50	NA	3.45
序列相关性（1个月滞后）	-0.35	0.21	0.11	NA	0.04
胜率	57.1%	58.3%	62.5%	NA	63.6%
投资顾问收益 vs. 沪深300指数					
XXX收益率	16.2%	11.1%	32.1%	NA	25.6%
沪深300指数收益率	0.9%	7.2%	0.4%	NA	-4.9%
沪深300指数标准差	14.6%	14.0%	22.3%	NA	21.9%
超额收益	15.3%	3.9%	31.7%	NA	30.5%
相关性	-0.36	-0.12	0.04	NA	0.12
贝塔	-0.24	-0.09	0.03	NA	0.08
跟踪误差	20.4%	18.8%	27.5%	NA	25.2%
可解释方差	13.0%	1.4%	0.2%	NA	1.4%
信息比率	1.18	0.18	0.97	NA	1.06
上行捕获率	13.3%	4.6%	20.5%	NA	26.2%
下行捕获率	-184.1%	-74.2%	-102.8%	NA	-60.6%

分析基金的风险收益比

研究收益分布，注意肥尾风险

研究系统性风险，注意假α（相关性高）

分析相对于比较基准的风险收益比

图16

最后一步，我们筛选出 8 个对冲基金。每一个经济周期，有我们最好的两家对冲基金被选出来（图 17）。

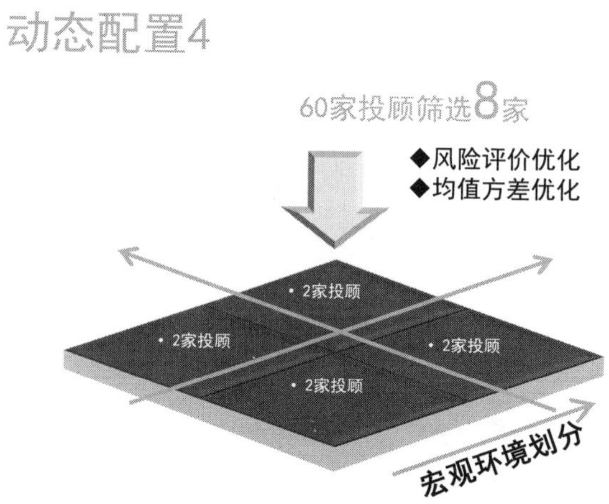

图17

筛选出 8 家对冲基金后，我们会用风险评价思路来做一个对冲基金资产配置（图 18）。如果经济周期比较好，我们会有两家对冲基金的表现是特别好的；但是如果周期改了，这两家的表现可能不太好，但是另外两家马上会有特别好的表现。所以无论什么经济周期，我们整体来说肯定会有一个非常好的表现。

样例 风险评价方法

边际风险贡献相等 → 稳定回报

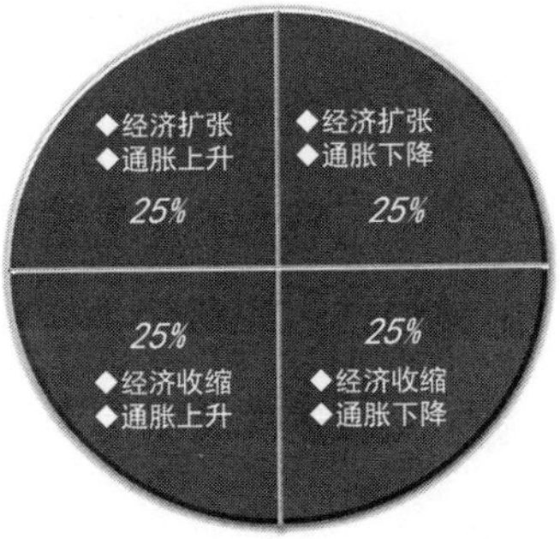

图 18

通过图 19 的左边我们可以看出，在某一些经济周期，对冲基金总体来说表现是非常不好的，但是从右边来说，我们可以用一个风险评价手段来改善整个行业的回报。如果我们再用一个动态的管理手段，还可以进一步改善风险评价和回报的来源。

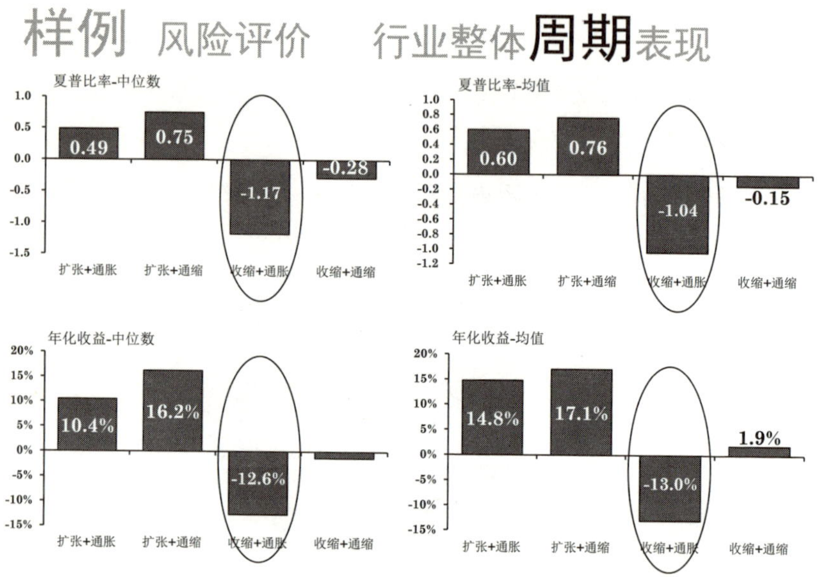
样例 风险评价 行业整体周期表现
夏普比率-中位数
1.0
0.5
0.0
-0.5
-1.0
-1.5
0.49
0.75
-1.17
-0.28
扩张+通胀
扩张+通缩
收缩+通胀
收缩+通缩
夏普比率-均值
1.0
0.8
0.6
0.4
0.2
0.0
-0.2
-0.4
-0.6
-0.8
-1.0
-1.2
0.60
0.76
-1.04
-0.15
扩张+通胀
扩张+通缩
收缩+通胀
收缩+通缩
年化收益-中位数
20%
15%
10%
5%
0%
-5%
-10%
-15%
10.4%
16.2%
-12.6%
扩张+通胀
扩张+通缩
收缩+通胀
收缩+通缩
年化收益-均值
20%
15%
10%
5%
0%
-5%
-10%
-15%
14.8%
17.1%
-13.0%
1.9%
扩张+通胀
扩张+通缩
收缩+通胀
收缩+通缩

图19

问答

Q：在图12里有个宏观经济的经济周期，这个因子需要主管判定吗？

A：我们有自己的经济周期模型，这个模型是我们集体做的，也是我们的亮点。我们每个月会有考察经济的小数据，我们的模型所得出的数据与中国经济真实的情况有 85% 的相关性，所以也可以预测未来的经济变化。

因为我们研究的是各个不同策略的对冲基金，所以我们的因子也是不一样的。现在我们的因子库大概是五十几个，将来有机会扩展到 200 个，因为我们的模型也可以帮我们再研调一些团队，这也是我们的杀手锏。

下一步我们会用因子模型针对不同策略的对冲基金，我们差不多可以知道他们的全部回报来源，也知道他们在每一个经济周期对未来的表现。有了这些数据，我们可以判断什么时候投资什么对冲基金，这要靠我们的因子模型。

Q：请问针对不同策略的对冲基金在选择标准上会有区别吗？策略会有择时吗？

A： 我个人比较喜欢量化为主的。因为量化的覆盖面是很广的，在 A 股要量化、期货要量化，未来的期权也要量化。我们发现很多有阿尔法来源的基金在国内来说都是偏于量化的对冲基金团队。

我个人相信未来两三年，A 股会涨得不错，所以我们也准备筛选一些全 A 股的组合，以后帮一些保险基金做投资。因为保险基金不能投期货，我看未来来到中国的钱肯定对 A 股是一个非常好的支持。

Q：你们如何选择模型，会有淘汰机制吗？如果有，标准是什么？

A： 我们淘汰的最大的可能就是他们的回报来源有问题。我们尽量淘汰一些阿尔法来源比较低的对冲基金，因为我们发现，很大一部分对冲基金他们的贝塔来源是非常高的，这是一个比较大的淘汰的原因。

然后我们也考虑他们对我们每一个策略因子的风险暴露，如果他们的风险暴露对某一个因子来说太高的话，我们就要淘汰它。也不能说我们只看一个原因就淘汰，我们会看我们的因子库对每一个策略的打分，如果不太行的话就会淘汰。

在这方面我们也有我们的想法，但是现在也不太敢说。我们有一个量化的预测未来经济周期的手段，我们准备做一个报告出来。之前我也说过，我们会用一个比较动态的管理手段，如果我们列出了一两个经济周期的投资比重，那么也可以摆在比较适合其他经济环境的团队。

现在来说，在我们的 55 个因子里面，每一个策略大概有 10 ~ 15 个。但是每一个对冲基金对每一个因子的反应是不一样的，有时候我们看到一个量化对冲基金只对两个因子反应比较厉害，但是有一些对 10 个因子的反应很平均。那么怎么样考核他们？因为我们可以预测他们的未来回报来源，所以因子肯定要多，要看他们的反应。

关于这个研究报告已经有很多人打电话问我们，说为什么他们不在这个排序里面，是这个经济周期他们做得不好吗？这个研究针对有 2 ~ 4 年历史数据的团队，我们不方便量化研究报告，也不能发出来，因为他们的数据是比较短期的，我发的前十名也是 A 股的高手比较多。

Q：如果各方面都比较符合您的历史统计测算，单独看年化收益率，您那边的最低要求是什么？

A：我们不会单单看一个回报来决定，我们会看整个组合里的对冲基金对我们总体的影响是什么。如果我觉得你们在某一个经济周期做得比较好，我们肯定会先投你们。但是也可以看到我们有时候做了一个组合给券商，他们觉得这个回报不一定特别好，但是我会和他们说经济周期变了，这个组合马上会很厉害。

整体来说，我们希望：第一，我们可以从这些研究知道在什么时候用什么策略，所以不排除第二步，我们希望这些团队怎么做，希望团队怎么管理这个基金。用我们宏观的看法引导一些基金做我们希望他们做的事，这也会对整个行业有非常好的改善。如果你永远对创新不感兴趣的话也是非常让人头痛的，所以关于这方面要分享一个好的计划。

Q：请问关于A股的投资组合，能否介绍一下国有企业和民营企业的投资权重，对国有企业和民营企业的财务风险、数据造假您怎么看？

A：如果你考虑到未来的两三年，现在的情况是很多海外基金、海外的比较大的投资机构也准备来中国，为什么呢？有两个原因，首先在全球的比重和整个资产规模来说，中国的股票从第二大经济的角度来看是太低了，我个人觉得如果可以达到4% ~ 5% 就很好。

国外投资者说进来 A 股也很难，其次也不太懂中国股票，然后他们也说中国股市不太健康啊，内幕消息比较多。但是现在他们是没办法了，美国股票、欧洲股票、亚太区股票也算很高了，特别是美国股票市场是非常高的了。他们觉得中国股票非常安全，还有沪港通的开放，也是非常鼓励他们将钱投进中国的。

关于看比重我个人有两点看法，首先，未来我们肯定是买大股票的，像沪深 300 指数这种大型的股票；关于小股票，它的表现为反过来的、比较低一点的。所以很多阿尔法套利的基金我觉得也是非常值得关注的，因为过去几年，他们从中小型股票获利非常多，我们的数据库也有很多基金是小股票的比重非常高。

其次，因为将来国企的投资也会慢慢退出来，所以肯定国企今年的比重要小一点，但是由于进来的钱越来越多，包括国内新出的钱也准备去股市，很快也会看到这个效果。所以我个人觉得，无论国企与否，总体来说大股票肯定会跑得比较好。

希望阿尔法套利对冲基金要考虑未来大股票有机会跑赢小股票，这对很多阿尔法套利对冲基金来说是一个大挑战，甚至出现洗牌。

所以现在来说，我们喜南富投资的目的是要把国内的资源国际化、海外的资源本土化。首先，我们要慢慢研究好国内的行业，包括国内有什么好的公司，我们怎么筛选出来，我们用什么技术可以处理好投资，做一个非常好的投资组合，给海外大型基金一个比较好的投资机会。

我们这个研究首先得慢慢再看，有人说我们的这一套是桥水基金那一套的风险评价。当然，我们的研究跟他们比肯定不会那么成熟，现在这个时间段也是个开始，我们可以再慢慢改善模型还有研究。许多海外基金看过这个研究之后，他们也会比较理解中国对冲基金的情况。

还有一点，现在中国基金管理协会发的牌照，我觉得过了几年是跟香港地区、美国的牌照可以同等的，我们也在研究一些国内基金怎么可以国际化。所以我们在这一方面不只是筛选投资国内的团队，我们也会尽量帮几个团队安排海外的资源对接。我们感觉这也是一个比较好的合作方式，也可以给他们一个机会跟海外的媒体、会议对接。我们跟对冲基金情报（Hedge Fund Intelligence）、《欧洲货币》（*Euromoney*）、亚洲对冲基金（Asia Hedge）这三个渠道有些合作，帮国内基金国际化；同时，我们也帮一些海外团队来中国本土化，他们在海外的积累有时派不上用场，到中国了，肯定还是要花时间本土化的。我们要考虑到，如果比较多的海外团队可以本土化，比如说我们可以搭建个平台，使他们来中国投资的时候，从海外进来的钱可以直接投。这也是非常鼓励、带动整个中国对冲基金资产规模的。

现在我们的对冲基金园区的资产规模大概在 300 亿元左右，希望未来 5 年可以达到 5000 亿元。我觉得如果能够实现的话，大概会有 30% ~ 40% 的基金来自于海外大型投资机构，这是我个人对对冲基金园区的期望。

总的来说，我现在估计五年后我国整体对冲基金行业资产规模要达到 5 万亿元左右。最近有很多人找过我，对这个很关注，包括浙江、东北、重庆，都联系过我。所以我也很激动，也觉得我们对冲基金黄金时期真的是开始了，也希望我们有什么好的公司、好的技术也可以跟大家再分享。

Q：国外高经济群体的发展路径我们一定要走吗？我们自己未来几年的发展方式您怎样看？

A：这个不太一样。因为高经济客户这个群体说实话在美国对冲基金开始的时候真没有这么大的。我说的是大概 20 多年前，美国开始对冲基金的时候，他们每个人的门槛是比较高的，而后大概 10 年之内，比较大的钱基本已经结构化了，包括家族基金、保险基金、退休基金，环境是不一样的。

在中国，个人的理财需求在未来的 5 ~ 10 年都还能发生改变，他会在私人银行买一些对冲基金的产品，这是很难改变的思路。而海外的结构化、投资者，现在来说是占整个对冲基金市场的 70%，但是在国内不会有那么快的改变。

还有中国的阿尔法的来源，他的基金的操作手段也会有点不一样。所以国内的发展现在来说，是要比美国、中国香港、欧洲的发展更快一点的。海外的钱要找中国的阿尔法，需要两三年再考察阿尔法来源。

高频交易及我们所面临的风险

纽约总部对冲基金首席投资官
安敬

对于高频交易的一些误解

现在对于高频交易普遍存在误读，要么认为非常赚钱，要么认为扰乱市场。而实际上，大部分高频策略根本不是赚钱策略，是做市用，提高市场流动性和市场深度的，说白了，是繁荣市场，增强交易所稳定性和国际竞争力的。

真正扰乱市场的，跟频率其实没关系。就算是低频，如果市场容量小，照样影响，比如现在的小盘交易所、现货，以及之前文交所的情况。反而是随机单，盈利低不说，还把市场搞得很乱，最后整个市场的盈利水平降低，就跟现在欧美市场一样。目前公开宣传的很多人根本没有高频交易经验，所以说的话很多都是想当然，不太负责任。

还有一个令高频交易饱受舆论诟病的是，人们包括很多专家把失误损失和市场操纵归咎于高频交易模式而不是操作风险管理缺陷和违规交易上；把市场不公平归咎于高频交易，而不是大机构行为和监管漏洞上。

人们时常从媒体上了解到因为“胖手指”(Fat Finger) 或某个机构的订单程序进入了死循环而向市场发出了巨量订单，然后高频交易算法迅速反应，造成市场崩盘或者剧烈波动的情况。很多人会说，如果没有高频交易，那么市场就不会这么动荡，因为人们不会来不及反应，而且高频交易在市场波动的时候推波助澜，加剧了市场波动。

而实际上，即便没有高频交易，市场参与者也会根据自己的情况做出平开仓的决策，当这种决策具有广泛一致性的时候，市场一样会出现剧烈波动，这是市场的一个常态特征。而且不是所有高频交易策略都是趋势跟随类策略，市场深度的增加和各种各样的交易行为反而有利于减少不必要的波动，因为大多数情况下人们与策略对行情的看法并不一致。

而很多这类情况中亏损发生的根本原因，是参与者的操作风险和市场风险管理有严重缺陷造成的，比如不按照交易规定或者策略设计执行操作，风险敞口过大而没有留存充足的风险准备金。因此这类托辞，无异于一名依据日线进行操作的交易者抱怨一分钟线的波动太大。

同时，人们往往忽略了一些可能违规的交易行为，如操纵市场。对冲基金和投行自营对市场的压力测试，很多都被伪装成了“胖手指”，在市场出现崩盘和剧烈波动之前，往往已经通过主动性策略试验了很多次。而且有声誉资源的机构，为了弥补自身算法能力的不足和增强算法效果，往往还会靠资本运作、媒体宣传的方式造市，比如大家时常看到的一些著名机构的报告。

与传统理解的操纵市场需要大量资金和资源不同，很多这类机构，往往扮演一种对已经走到悬崖边儿的市场轻轻推了一把的角色，当然他们不会承认，其实之前已经推了很多次只是没推动，也绝不会承认是他们推的，因为此类主动性交易策略往往伴有合规问题。当然也有算法可以利用此类市场操纵行为实现盈利，因为只是利用而不进行市场操纵，所以也没有合规问题。而这一切，与高频与否没什么关系。

同样的，相当多的市场参与者为了盈利也会费尽心思挖掘监管漏洞，利用甚至创造市场的不公平。闪单交易就是一个典型。

闪单（Flash Order）的交易模式也是属于不公平交易，与高不高频无关，即便在人工电话下单时代，券商交易员也会根据自己情况抬高、压低、延迟成交某些投资人的电话委托，这个就是闪单的原型。有券商资质的各个投行一直将其作为稳定的收入来源之一，从人工到自动，后来还加入了分析客户订单的算法。

虽然闪单交易已经被曝光而被禁止，但是还有各类不公平的交易模式充斥在市场中，利用着监管的漏洞，比如因为BATS闪电崩盘导致服务器故障而暴露出的操纵市场的事情。你可以在高频交易中找到所有违规交易的影子，但是对应的有效的监管方法却乏善可陈。有些监管部门会邀请直接的市场参与者对监管方法做指导，这是一个能够弥补监管者市场经验不足和提升监管政策制定的有效性的好方法。

除了上述一些误解，一些推销高频交易的专家有时也会有概念的混淆。例如低延时交易和高频交易就是两个概念，不少人还分不清，会把低延时交易等同于高频交易。

高频交易是证券市场的重要组成部分

与我国的券商总部集中然后交易所撮合的订单路径不同，欧美市场很多券商和交易所支持DMA交易模式（Direct Market Access，直接市场接入），即交易者的订单可以直接递交到交易所进行撮合。

当然，国内期货市场中上期综合交易平台（CTP）的出现，的确改善了部分非上海总部券商客户交易上期和中金所标的的订单路径。如果我从天津去北京，不坐便捷快速的和谐号动车，而是坐飞机飞香港然后转首都国际机场，你肯定认为这是一个笑话，但是大多数二级市场的参与者实际上每天都在做这个事情。

技术背景专业人士和受媒体高频交易宣传熏陶的行家，往往会把交易终端放置于离交易所电信运营商中转节点附近，这样做的确可以降低订单的网络延时，可以减少10～120毫秒（1秒=1000毫秒）的交易数据网络传输时间。而且如果足够专业的话，管理层会惊喜地发现在效率改善报告上，网络效率提高了80%～90%。

尽管看起来相当完美，但是如果你知道，一个人看到信号的反应时间最快需要130～220毫秒，点击鼠标或者下单键盘的速度最快也要 214 毫秒，交易软件从接收到数据到显示最快也要 10 ~ 50 毫秒，那么针对网络延迟的改善的效果恐怕就远远没有想象的好。

而且当你发现大多数情况下，在这么折腾后，报价表的价位根本没有动过，这时候一般多少会有点儿小失望。既然是这样，从改进交易策略入手，效果会好得多。

从专业角度来讲，在上马这类解决方案之前，我们会组成专家组详细地进行成本收益分析。遗憾的是，绝大部分机构基本没有做过此类分析就决定参加到“军备竞赛”中去。

当然，市场参与者追求低延时交易主要还是出于对自身权益的保护，本身无可厚非。如果在上海能比在北京获得较多的交易优势，那么这个市场是不公平的，这方面我国的监管机构和交易所做的就相当出色，在很大程度上保护了广大的投资者，维护了市场的公平性；而欧美市场正因为缺乏这样的公平性，所以很多机构都是被迫在进行设备升级和高频改造。伴随着“军备竞赛”，其有效盈利水平不是在提高，反而是在降低，这情形与国内家长给孩子报名参加各类补习班极为相似。

国外之所以玩命地喊高频，是因为很多根本是硬件厂商、软件厂商，以及火箭科学家在喊，会把西蒙斯抬出来。但是对冲最早搞真正意义上的高频的，是看市场环境的，而不是公开的那些知识，公开的知识是学校看准市场推出的培训，是靠学术研究和教学盈利的。

这也是二级市场相对公平的方面，不看学历、学校、年龄、社会背景。所谓的百分之几十都是高频单，其实相当部分只是做市和大单拆分而已，对于大单拆分，我国证券的机构版下单软件很早就有。在欧美投资咨询机构中，有相当多的所谓算法交易提供商，主要以订单拆分策略为主营业务。如果你详细了解了他们用于执行订单的算法模型，你会惊叹，原来钱在华尔街是这么好赚呀!

如果你关注高频交易的相关信息，你就会发现，上面的真实情况很少有人提及，这是很奇怪的。不说清楚会增加市场的风险，不利于市场完善和国有资产保值增值。

而且需要明确的是，搞明白不是说就一定要大力推广或者打压频率较高的交易行为。任何有利于市场健全和稳定的交易行为都应该被支持，都是市场里重要的组成部分，一个保持了多样性的市场环境才有利于经济稳定。

只推崇价值投资或者只崇拜套利投机，都是犯了主观定价错误。即便是高级数量专家，使用高级量化模型，也会经常犯主观定价错误，从他选择模型开始工作的时候就开始犯错误了。

而且在任何一个市场里，都不可能彻底消除价值投资，或者是投机交易。其根本原因是各种交易方法不过是资本的逐利属性在不同的市场环境下的不同行为表现而已。一个公平健康的市场环境，对所有的市场参与者都有好处。

当然，国内对高频肯定是限制的，这保护了大多数投资者，并且有利于维护市场的公平性。现在的市场也的确没有高频环境，这个是事实。政策方面应该还不会放松，况且也没有必要一定要放开。难道真要每秒 20 万～ 40 万单，平均每天都 1.3 万～ 2.5 万单成交一个品种?

我们所面临的风险（一）

除了对高频交易有清晰的认知外，我们也应该注意到，随着量化投资理念的深入和高频交易越来越热的宣传推广，在这个经济危机的宏观背景下，现在的国内市场正面临一些前所未有的风险。

这其中最重要的莫过于现有风险管理方法的缺陷和正在暴露出来的虚假有效性。对于交易风险管控，大部分现代风险管理方法在高频交易中都有同样的应用。

从商业银行到投资银行自营部门，到正规的对冲基金，基本上采用的市场风险管理体系和操作风险量化方法还是建立在 VaR（Value at Risk，风险价值）模型之上的。可是基于 VaR 的现代风险管理框架本来就是先天不足，后天补还是不足。而各个银行在风险识别和管理上一直以来就有严重漏洞，2008 年的时候只不过是个验证而已。况且很多使用风险管理模型的从业人员，其实对风险管理模型本身并没有多熟悉，用法也不一定对。

这些机构，相当于赤身裸体走在寒风里，我国的很多银行、公募基金、私募股权基金、信托公司、私募（对冲）基金也是如此。比如摩根大通的“伦敦鲸”事件，尽管限于保密协议我不能披露太多，但是可以确定的是，从 2013 年 10 月份开始，就已经有对冲基金发现相关市场里一些大机构的风险是不可避免的。而他们的系统风险，也越来越大，加强内控也没用，他们在当时已经错过了最好的自我调整机会。

这些传统上光鲜的机构，现在应该很郁闷或者还蒙在鼓里，因为他们的资产充足率和 VaR 报表一直都“表现良好”。虽然从 2008 年开始有不少对冲基金着手研发全新的风险管理框架用以改善风险管理水平，并已经取得了还算不错的效果，但是这些方法是与核心交易算法受同等严密保护的，不太可能公开，也不一定具有普适性。

我们所面临的风险（二）

另一个重要风险是我们正在经历又一次的多样性丧失。多样性的丧失会导致系统性风险的积累，而美国前不久刚刚经历过，那直接导致了本次经济危机。

华尔街雇佣了大量的商学院毕业生和火箭科学家，先不提用自然科学方法研究社会科学的合理性的问题，同样的理论灌输，同样的培训模式，造就了大批缺乏差异性的金融精英。也许每个人都觉得自己与众不同，但是从知识体系和认知层面来说，对风险的感知敏感度整体下降了。

而我们现在，几乎正在做同样的事情。如果任意一个新手进入市场，只坚持有效市场假说是正确的，那是十分糟糕的。认知丧失多样性目前看唯一的好处就是增加了行为的可预测性，如果一个国家的宏观经济教材绝大部分篇幅都是凯恩斯主义，那你闭着眼睛也能知道当面临金融危机的时候政府会采取什么行动。既然人类的认知水平是相当有限的，那么也就没有任何理论是一定能靠得住的，因此保持一个开放的态度，没什么坏处。

从技术层面来看，市场参与者越来越采用趋同的交易技术，这增加了市场的剧烈波动和可操纵性，而这个帽子，往往被扣在高频交易头上。尤其是随着国内沪深300绑定的ETF产品越来越多，越来越多的套利策略被采用，而这些套利策略，往往又基于经典套利方法和算法，那么当出现相同的交易信号时，除了竞速外别无他法，“秒杀”行情自然会增多。

通常来讲操纵沪深300股指期货行情是相当困难的，况且国内期货还有限单和限仓的规定。但即便是单交易账户，也可以借助算法分析沪深300成份股，以及市场中采取的各类策略类型和比重，利用足以影响市场的大规模同质策略的资金，比如套利策略，实现对沪深300指数的操控，从而在期指交易上牟利。

首先，操纵者不用去影响全部沪深300的成份股，也用不着人们想象的能够操纵指数的资金规模，在算法的帮助下，自有资金扮演的是催化剂和引导的角色，当市场中同质策略越多，其操纵成本就越低。这些并不太难实现，但是却缺乏有效的监管方法，因为现有的监管方法很难确定“看起来不算大”的资金规模是不是真的在操纵市场。

从这个角度来看，我们的监管机构不支持在国内股票市场中恢复 T+0 是相当明智的。这也可以看出来，在制度建设和投资者保护方面，我国的监管部门和交易所很多都要比美国的监管部门和交易所优秀和先进得多，对于一个深入全球市场的实际参与者来说，很容易分辨这点。

我们所面临的风险（三）

此外，随着量化交易的推广，国内也面临着前所未有的模型风险及操作风险监管难题。实施量化交易的机构，一年需要维护和监管的模型数量少则几十，多则成百上千。

这里面存在的最大难题在于，交易策略、风险管理、产品设计、市场营销等本身属于不同模型范畴，各个类型下面又分很多子类，也是不同模型范畴。比如交易策略，基于不同假设、背景、设计原理、采用算法、实现手段五花八门，很多还是黑箱算法，模型代码的直接可解释程度很差，模型中出现某人的八字作为决策依据也是很常见的。相对的，一般机构人员本身的建模经验就有限，而且往往缺乏综合应用和实战经验，这种情况下要进行模型风险管理，找到一个有效解决方案来监控各种模型风险，可以说十分困难。

这个情况，相信在国内实施过《巴塞尔新资本协议》和《巴塞尔资本协议Ⅲ》的会很有感触。在投资领域，包括一级市场和二级市场，我见到过和建立过的相当数量的模型都比诺贝尔经济学奖级别的模型要复杂，有的模型看起来极为精简，但是训练模型的方法却极其复杂。

这当中感触最深的就是，对于相当多的模型算法，使用者是很难了解到算法发明者的全部意图和模型缺陷的，甚至就连模型算法发明者自己，也有相当部分没有意识到自己模型算法的缺陷，长期资本就是一个典型的例子。

另外，在相关模型进行部署实施的审查阶段，现实中也经常会有非专业业务领域的管理层出于经营和某些利益的考虑，放弃稳定的模型解决方案而采用可能更冒险和欠缺稳定性的解决方案。因为决策者即为监管者，那么在出现不可挽回损失前，其实际操作和市场风险水平往往会被掩盖。

这一幕在 2008 年爆发的金融危机中已经多次上演，并且一直到最近也依旧在上演，根据对各个机构尽职调查的结果来看，在未来的一段经济动荡期中，还将会一次次地上演。当然这并不意味着量化交易和高频交易增加了风险，而是这类事物的发展，让很多原有的风险管理漏洞更快地暴露了出来。

据我了解到的情况，国内有自营业务的机构，有市场风险管理，操作风险量化稍差，相当数量的机构没有专门的模型风险管理，但是却在积极快速地推行算法交易和高频交易。

我们所面临的风险（四）

另外，不可否认的是，量化交易的确促进了券商自营业务的发展，但是也带来了不少问题。采用量化手段，本身降低了二级市场中交易的门槛，并起到了一定的风控作用。这样原本需要极高天赋和经验的交易员的工作变得可以用研究员代替，就连所谓的盘感也可以进行量化。

对于券商来说，这虽然增加了业务线，丰富了收入渠道，有助于促进券商向投行或投资集团的进一步发展完善。不过需要担心的是，如果自营不独立成法人机构，客户的资料就可以作为内部资料被查阅，加之高频交易方法让一些操作更容易实现，就有可能出现跟单严重，客户订单被延迟申报，针对客户的订单情况（不是单一客户）派生出算法侵吞客户的资金却伪装成“滑价”的情况，甚至出现分析客户情况与客户对赌。还有很多不公平的交易手段，都会损害客户利益，影响整个券商行业及金融市场的稳定。

而如果自营业务独立出来，比如成立对冲基金，那么两个机构之间如出现客户信息泄露的情况，无论从合规还是监管的实际操作执行上来说，都会便捷有效得多。

我们所面临的风险（五）

高频交易应用的主要市场之一的衍生品交易在未来几年极有可能在国内得到推广，那么这类金融发泡剂有多少对实体经济有帮助，又有多少会埋下隐患，需要我们非常谨慎地对待。欧美金融业的衍生品设计现在存在一个相当严重的问题，就是不再秉持有助于实体经济发展的需求导向，而是偏向金融机构本身盈利的创收导向。

这就使很多金融衍生品存在的实际意义和高频交易方式被质疑。有一次获悉私募债发行的消息，我曾经开玩笑地说过：我们这类人，完全有能力把私募债重新拆分组合、打包定价，仅仅采用不同的定价模型就能让资产“增值”，还完全合规。然后把私募债的衍生品再卖回给发债方，券商可以盈利，设计者有佣金，交易所有业绩，连发债的企业方的财务报表看起来都会有所改善，还做了金融创新，一举多得。

可是这整个过程，除了几方面可以牟利，其他什么帮助也没有，甚至增加了发债方和整个市场的风险，那么这种金融创新，应该抵制。而且针对领导拍板决定制的买方，卖方机构很容易找到突破点和有效方法来进行销售。

需要买方警惕的是，很多衍生品不一定会以成型的产品的形式出现，也有可能是以交易结构设计的形式出现。而对于已经成熟的衍生品市场，适当促进国内的交易平台发展，反而有助于降低风险。

一方面是因为部分金融衍生品的确有经济润滑剂的作用，另一方面是因为随着全球化进程，国内机构不参与国际衍生品交易基本是不可能的。那么不论是争取定价权，还是降低参与国际衍生品金融机构因为经验不足而导致的风险，设立这样的平台是有必要的。不过在现在全球经济依旧面临动荡的时候，还是需要审慎的考量才是上策。

金融需要多少数学知识

自从萨老先生（萨缪尔森）不太受哈佛大学待见而转到麻省理工大学，并把大量数学工具应用于经济学开始，金融业就没有停止过量化的脚步。国人更是对数理分析崇拜到极致，不少从业者以复杂模型为荣，而高频交易和算法交易恰恰能够满足这个虚荣心。可是，金融到底需要哪些数学知识呢?

第一个，很重要的，就是加法。你要知道你的投资组合是如何分配的，利润是多少。

第二个，更加重要的，就是减法。你需要知道你的损失在哪里，并把它们从你的资产总值中减去。

第三个，是除法。因为你会发现只有金额和价格是不够的，你没法准确判定形势，所以你需要百分比。

第四个，是乘法、乘方以及根运算。因为你需要把你的投资组合收益进行时段化，通常是年化，这样做唯一的目的，是吸引其他感兴趣的投资人的投资。当然你如果只是自营的话，第四个可以不知道。

也许不少精英会嗤之以鼻，可是据我了解，华尔街包括中国的金融业里，能完全掌握上面的三四个知识的人，的确不多。

期权就是这么简单

盈创世纪总裁
韩冬

非常荣幸能够加入到这里，感谢阿尔法工场给我这样一个机会能与大家分享我对期权的理解。我们想与大家分享这样一种经验，其实无论是 ETF 期权、个股期权，还是股指期权，就像本文的标题一样，它是一件很简单的事情。我们今天会让大家很简单容易地去理解期权，而不是像理论书上那么复杂。

期权让中国资本市场进入三维时代

2014 年年底的时候有一部电影叫《星际穿越》，很多人都去看了那部电影。讲的是一个从一维到十二维的世界，大家在微博里面也转了很多。我记得有一个蚂蚁的例子：说蚂蚁是二维的生物，它只会走直线，如果你给它一张纸，蚂蚁只会沿着直线从 A 点到 B 点，但人类是三维的生物，人类告诉它把这张纸折在一起就可以从 A 点走到 B 点了，蚂蚁会说："唔，这么神奇！"同样的，期权也是让中国的资本市场从一维到二维到三维的一个变化。

对于在过去二十几年的资本市场里摸爬打拼的各种投资者来说，牛市喜悦、熊市忧伤，好像我们很难逃脱这样的历史轮回，市场总是在一片欢腾中被套在了高点，然后要经历漫长的熊市缩水的痛苦。作为中国的普通投资者，我觉得他们一直是这个市场的弱者，因为他们没有机构的资金优势，也没有机构专业的投资的能力，包括快速的信息获取能力，所以在没有股指期货的时代，他们只能用自己的热情追逐市场的热点。但是当市场降温的时候，很多投资者往往都会因为过高的成本被套在高位，而风险来的时候如果他们没有很好的资金管理的话，他们又会经历漫长的熊市所带来的痛苦，如果他们没有止损，会一直被套在很高的位置。我个人认为这种情况对于普通投资者来讲，在股指期货出现以后也没有得到解决。虽然说股指期货意味着这个市场从能够单边做多获利转变为可以做空获利，可以对冲风险，但是对于普通投资者来说它的意义似乎不大。股指期货的做空，对冲风险的功能，相对于机构投资者来说更有优势。股指门槛相对较高，而且股指跟部分个股是有弱相关性的，所以它更加凸显了这种对冲的武器是掌握在机构投资者手中的，普通投资者很难用股指期货来对冲它的风险。但是期权的出现可以改变这种情况，期权的本质相当于是市场给普通投资者提供了一种金融的保险，它可以保护投资者在这个市场里的资金的安全。期权将改变整个中国金融市场交易的结构。在没有股指期货的时代，市场的交易策略是以配置持股的品种、调节持仓的结构为主，被动地应对市场的变化；在股指期货出现以后，市场的交易策略变得相对灵活，涌现了各种基于股指期货的对冲交易策略，通过配置不同的品种和比例的股票，同时持有一定比例的股指期货。但是期权出现以后，中国的金融市场将演化出无穷无尽的交易策略，你可以持有不同比例的股票，持有不同比例的个股期权，持有不同价位的股指期货的多仓或者空仓，你可以在不同的行权价不同的合约月份持有不同方向的期权。那么我们就可以这样推导一个市场：如果说没有股指期货的市场是一条直线的一维市场，那么有了股指期货的市场就是由线及面的一个二维市场，期权出现以后将把中国金融市场推进一个三维立体的时代。

首先我们来看一下K线图（图1）。我们做股票也好，做期货也好，我们的持仓根据这个K线的变化，收益曲线会发生变化。

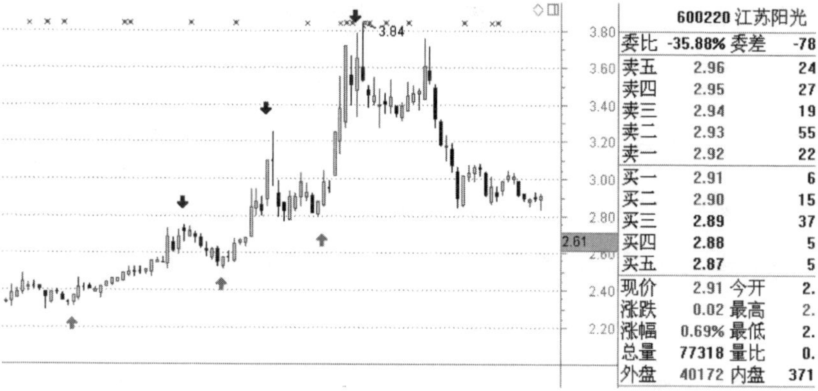

图1

图2是一个三维立体图。加入期权以后我们的持仓的变化会呈现一个三维立体的状态。

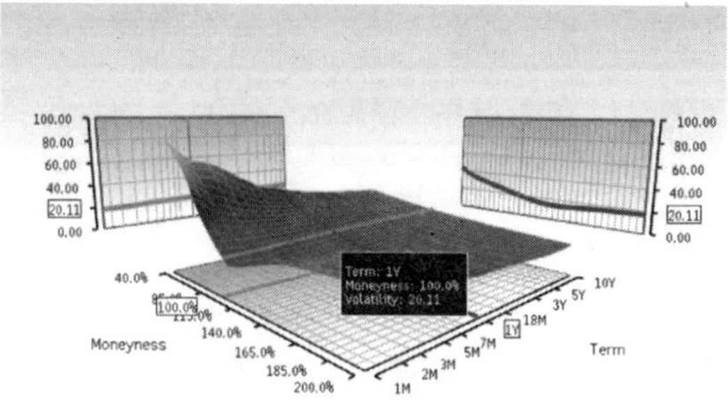

图2

而期权能够实现什么呢？在一维和二维的资本市场里，我们很难实现稳赚不赔的交易策略；在期权出现的交易市场里，稳赚不赔的策略非常多，可以说是无穷无尽的组合。那么，这就像是我们对蚂蚁说从 A 点到 B 点只要你把纸对上去就可以了，蚂蚁会觉得很神奇。如果我们了解期权的话，那么我们在资本市场里可以使我们的资金曲线变得非常平缓，稳定盈利、稳赚不赔的策略可以非常容易地实现。如果我们只了解股票交易，或者只了解股票和期货的一个结合，那么，我们很难去理解有了期权以后的这样一个三维的金融市场，这就是今天大家坐在这里学习期权、了解期权的必要性。当中国的资本市场进入一个三维世界，如果我们不了解期权，很容易被这个三维的市场打败。我们今天抛开各种期权复杂的数据模型，抛开各种理论，用最简单的方式，把期权的本质、一些基本的交易的方式和期权可以做什么，分享给大家。

什么是期权

首先我们应该了解期权是什么。期权实际上就是你的权力，你有一个在某种价格买入或者卖出一个标的的权力，你可以选择行权，也可以选择放弃行使这个权力。

举个简单的例子（图 3）：假设现在我们渴了，手里拿一个杯子去喝水，假设这个杯子现在的市场价格是 10 元钱。我们担心它未来的价格会变，可能明年这个杯子会涨到 20 元，也可能会跌到 5 元。如果我们想买这个杯子的话，我们不希望 10 元钱的价格发生变化，我们可以花 1 分钱买一个以 10 元钱买这个杯子的权力。如果第二年这个杯子涨到了 20 元钱，那我们可以选择行使这个权力，以 10 元钱的价格买入这个杯子；我们还可以选择把这个杯子以 20 元的价格在市场上卖掉，那么我们的成本只有 1 分钱，收益却达到了 10 元。如果明年这个杯子的价格跌到了 5 元，我们要不要行使这个权力呢？当然是不要了，因为没有必要，市场价已经是 5 元了，我们没有理由去行使 10 元钱买杯子的权力，我们直接去市场上以 5 元钱买杯子就好了，那么我们的损失是什么呢？只是 1 分钱，非常非常的少。但是如果没有期权的话，我们可能要囤一个杯子，杯子如果涨价的话我们会赚 10 块钱，如果跌了的话，我们会亏 5 元钱。同理，10 个杯子亏 50 元。

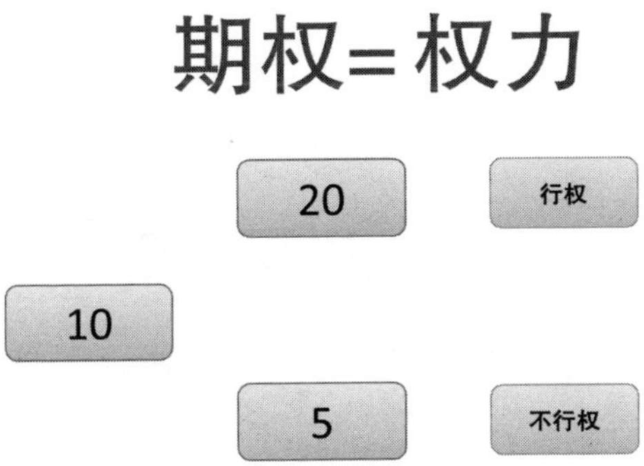

图3

如果你是卖杯子的人，那么你选择买入一个卖出它的权力，也是一样的。如果明年这个杯子从 10 元涨到 20 元，你要不要去行使这个权力？当然不要，你直接以 20 元钱的价格把杯子在市场上卖掉就好了。但是你花 1 分钱买的这个权力可能就没用了。如果明年这个杯子从 10 元跌到 5 元，对于你来讲意味着什么？市场价这个杯子只有 5 元，但是你可以行使权力仍以 10 元把这个杯子卖掉，这样的话你一点儿也不赔。

我们知道了期权其实就是一份权力，那么我们现在来了解一下期权的本质。期权的本质实际上就是一份金融保险。举个最简单的例子，如果没有期权的话，我们买的股票涨了赚钱，跌了赔很多；如果有了期权的话涨了赚钱，跌了赔很少甚至不会赔钱。这就是期权可以达到的效果。

期权的本质

期权 = 保险

图4

我们来看图 5。我们花钱买保险，卖保险的保险公司是收钱的，如果风险发生了，保险公司要赔钱给别人；期权也是一样，在期权的交易中，作为买方要花钱，作为卖方会收钱，当风险发生的时候买方就会得到保护，而卖方就要支付别人的风险。我们举一个股指期货的例子，假设在 2200 点的时候我买入一手股指期货，我担心市场下跌，于是花 20 元钱买了一个在 2200 点的卖权，也就是说我 2200 点买入后，又用 20 元买了一个以 2200 点卖的权力。如果这个时候市场下跌了，从 2200 跌到了 2100 点，在没有买期权的情况下，我亏了 100 个点。假设一个点 300 元，那么我亏了 30000 元钱；但是买了期权之后是什么结果呢？我的亏损为零，或者说我只付出了

20元钱的期权费用，因为我可以2200点买入再2200点卖出。那么这30000元的亏损由谁来承担呢？是由卖期权的人来承担。通过以上的例子，我们就能知道期权的保险功能。期权与你的持仓之间是一个正负的关系。如果你做多股指期货，你就要买入卖权；如果你做空股指期货，你就要买入买权。同样在ETF的交易中也是这样的，如果我们买入ETF，我们就要买入卖权；如果我们融券做空卖出ETF的话，我们就要买入买权。

图5

在期权的交易概念中有三种：平值期权、实值期权、虚值期权。我们在实际交易中如何来判断它们之间的区别呢？

我们还是用水杯的例子。比方说买水杯的权力（如图6），如果现在市场价是10元，我们可以看到不同价格购买水杯的权力，如果你拥有的是以10元钱买到杯子的权力它就是平值期权；如果你以20元去买这个杯子，这就是一个虚值期权，因为是以高于市场价的价格去买这个杯子的；如果你能够以5元钱买到杯子，那么这个权力就是实值期权。如果是卖出的话也是一样的（如图7），你以市场价卖出这个杯子就是平值期权；你以高于市场价卖出这个杯子，可以赚到钱的，这就是一个实值期权；如果你以低于市场价的价格卖出这个杯子，它就是一个虚值期权。

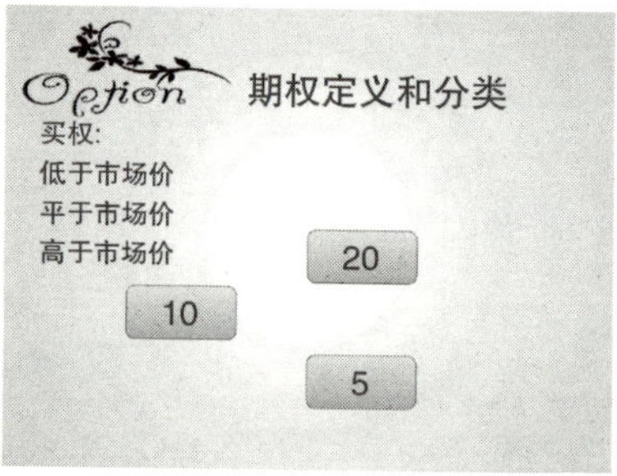

图6

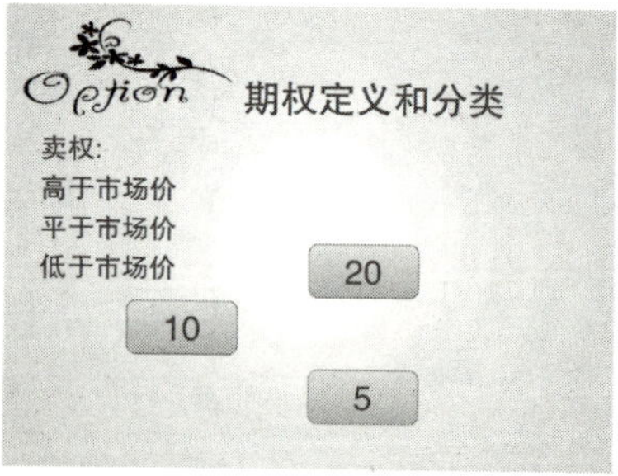

图7

我们来看做期权交易时候的一个T形报价(如图8)。左边是买权CALL也叫看涨期权、认购期权，右边是卖权PUT，也叫认沽期权和看跌期权。根据这个图我们可以看到左边部分是实值期权，右边部分是虚值期权，画一条横线的部分是平值期权。

看涨期权 (Call)								看跌期权 (Put)						
买价	卖价	最新价	现量	成交量	卖	买	行权价	买	卖	成交量	现量	最新价	卖价	买价
294.4	296	293.1	1	2542	□	□	2500	□	□	4589	2	23.8	23.5	23.1
247.6	248.7	247	7	7073	□	□	2550	□	□	4496	10	26.6	26.7	26.6
203.6	204.1	201.2	3	3075	□	□	2600	□	□	3522	1	33.1	32.7	32.1
163.2	165	162.5	1	2966	□	□	2650	□	□	2151	1	42.2	42	41.5
131.2	131.3	130	1	5941	□	□	2700	□	□	4456	1	59.3	58.6	57.8
95.3	96	95.1	1	3114	□	□	2750	□	□	1862	1	77.4	73.7	72.4
75.6	77.5	75.5	3	2781	□	□	2800	□	□	936	1	107.3	105.3	103
60.9	62.4	59	2	4194	□	□	2850	□	□	788	1	141.7	138.5	136.6
46	51.9	47.6	4	4669	□	□	2900	□	□	980	3	169.6	178.1	171.9

图8

讲到平值期权，我们现在要讲一个根据平值期权而发生的期权行权价的合约生成。首先交易所的规则规定如果标的资产的收盘价，例如 50ETF 它的收盘价离哪个行权价格最近，那么第二天哪个价格就是平值期权。在平值期权上下会各挂出一定数量行权价位的期权合约，如果标的资产 50ETF 的价格发生了变化，50ETF 的平值期权的价格也会发生变化，这个时候它上下的这些行权价的报价合约就会不够。根据交易所的规则，当平值期权价位发生变化的时候，就会新生成更多的行权价位的期权合约。

图 9 最左边一列是当月合约开始时的样子，最右边一列是当月合约到期时的样子，当市场价格上涨的时候，它会形成新的行权价的合约，当标的资产价格下跌的时候，它生成了新的下面的行权价格的合约。根据图 9 我们可以想象，当 50ETF 的价格大幅波动，开始的时候可能只有七个行权价位的合约，合约到期的时候会有十几个，甚至二十几个、三十几个行权价位的合约。

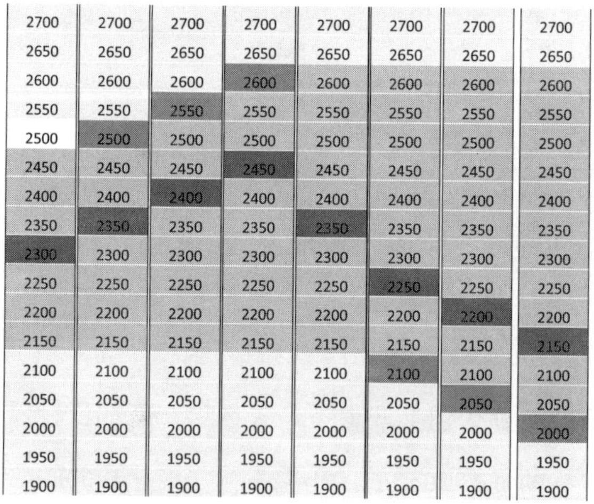

图9

期权新的行权价格形成的这个过程大家一定要记住，当我们做期权交易的时候，图 9 这张图会帮助大家去分析我们赚钱的交易机会会在哪个点位出现，以及什么样的价格会让你利益最大化。

我们说期权最难的就是定价，定什么价呢？定的是期权的时间价值。下面我们来看一下期权价值的构成，通过图10我们可以看到，所有的期权报价都是由内在价值和时间价值构成的，内在价值是标的资产价格和行权价格的差，实值期权有内在价值，虚值期权没有内在价值，虚值期权全部都是时间价值。时间价值是期权价值减去内在价值的差。

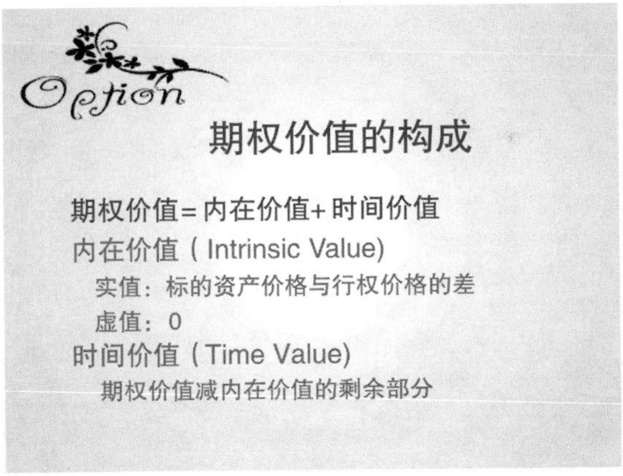

图10

我们可以看两个例子，在图11、图12的交易软件中，我们可以看到时间价值和内在价值是如何计算的。

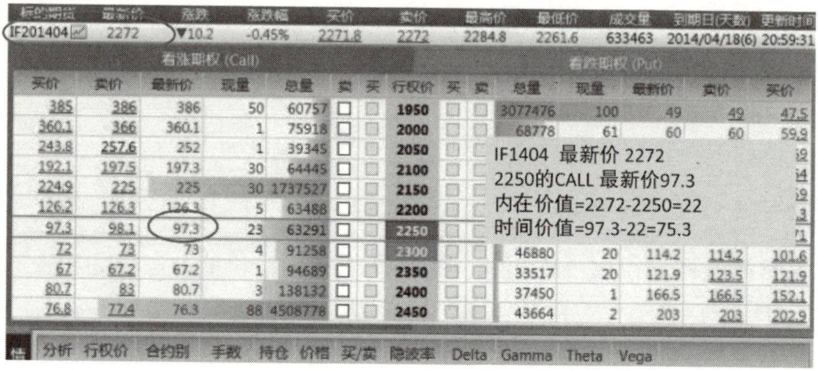

图11

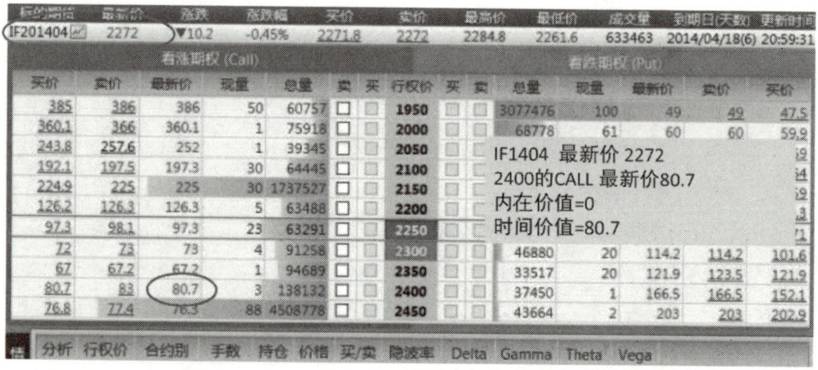

图12

我们还是以买权为例来看，标的资产的价格是 2272，我买一个 2250 的买权，也就是现在价格是 2272，我以 2250 去买到它，通过这个公式可以看到内在价值是 22，时间价值是 75.3。目前在市场上除了布莱克—斯克尔斯（Black-Scholes）期权定价模型以外，还有一些其他的模型对期权进行定价。我们可以看到标的资产的价格是确定的，内在价值也是很容易计算的，最难计算的就是期权内部所包含的时间价值，无论是用布莱克—斯克尔斯模型还是其他的模型，在我们做期权交易的时候，期权定价最难定的就是它的时间价值。

期权基本的交易方式

了解完期权的本质、期权的特性、期权的时间价值之后，我们再来了解一下一些简单的期权的交易。我们先讲交易的软件。古人说工欲善其事必先利其器，交易软件是我们在这个市场上拼杀的一个基本的武器，但是目前来讲，中国国内的软件商给投资者用的软件品质是参差不齐的。

在 2013 年期权模拟开始到 2014 年个股期权模拟开始之后，我们对中国市场上出现的所有软件商提供给期货公司、证券公司的交易软件做了测试。

当然与以前相比，现在这些公司有一些改进，但是比较遗憾的是我们发现作为一个交易软件的提供商，他们不懂得期权的特性，所以他们编出的软件会按照交易股票、交易期货的方式呈现期权的交易，这是一个痛苦的事情。目前在 ETF 期权的交易市场上有五六家软件公司，比如说通达信、钱龙、汇点，还有一款软件叫奇拳咏春。奇拳咏春这款软件是目前我们测试出来之后，一款觉得最友好、简单易操作的软件，大家有机会可以下载下来操作一下。即便这样，目前国内的软件基本上还是不太能满足我们对于期权交易的需求，至少跟国外的软件比起来差距还很大。

为什么要讲软件呢？这是我们接下来的重点，就是如何抛开期权的各种公式理论来看期权的交易。像我们说的期权就这么简单。我的理解就好比说，我们大家都不可能特别精通编程，很难说自己编一个 Windows 出来操作。那么期权的这些复杂的理论、公式、模型也好，对普通的投资者来说是一个非常痛苦的事情，包括我们看这些期权的理论书籍，里面有非常复杂的高等数学公式，让普通的投资者去学这些复杂的公式，是很为难的。所以我们只要会用 Windows 就好了，不需要懂编程，期权交易也是一样的。我们接下来要讲一些简单的期权的交易，然后结合我的一个手指操，便很容易记住期权的交易。这个时候你会发现其实交易期权就像玩游戏一样，你只需要对市场有一个判断，然后根据你的判断去点几下鼠标，选择相应的策略就好了。

我们来看期权与其他品种的不同。股票是一个方向做多，期货是两个方向做多和做空，期权是四个方向（如图 13）。如果大家现在有兴趣的话，可以对着期权的 T 形报价伸出你的双手，我们用最简单的方式去练习记住这个期权的简单交易。当我们面对 T 形报价的时候左手买权，右手卖权（如图 14），拇指向上代表买入，拇指向下代表卖出（如图 15），拇指向上代表的是获利无限，拇指向下代表的是亏损无限（如图 16）。

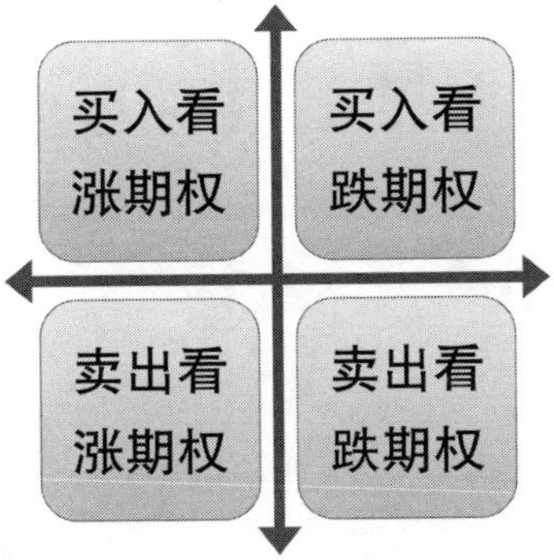

图13

左手买权，右手卖权

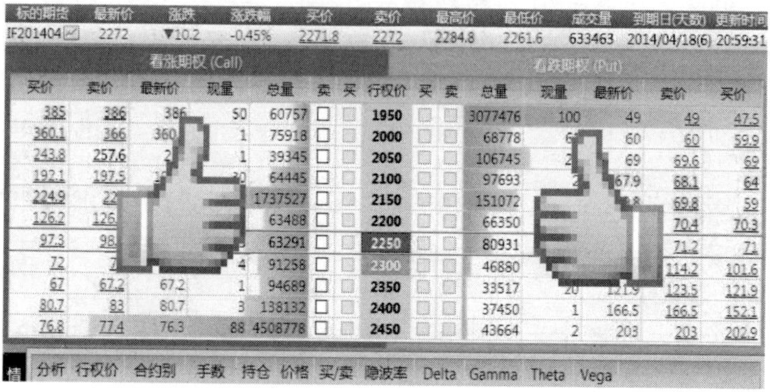

图14

拇指向上买入，拇指向下卖出

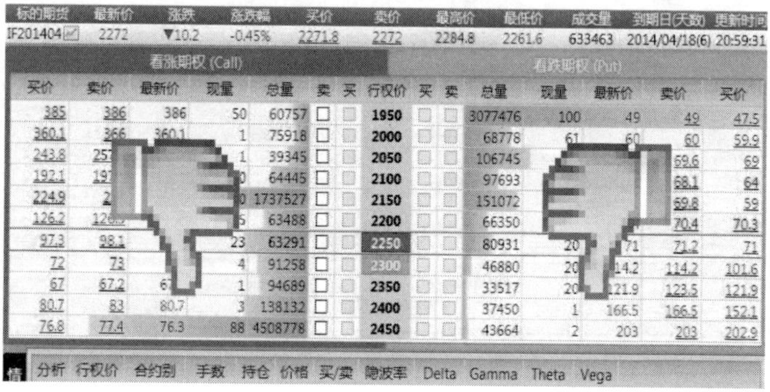

图15

拇指向上获利，拇指向下亏损

图16

图 17 就是我们对期权交易的四个方向的看法：买入买权看涨，买入卖权看跌，卖出买权看不涨，卖出卖权看不跌。

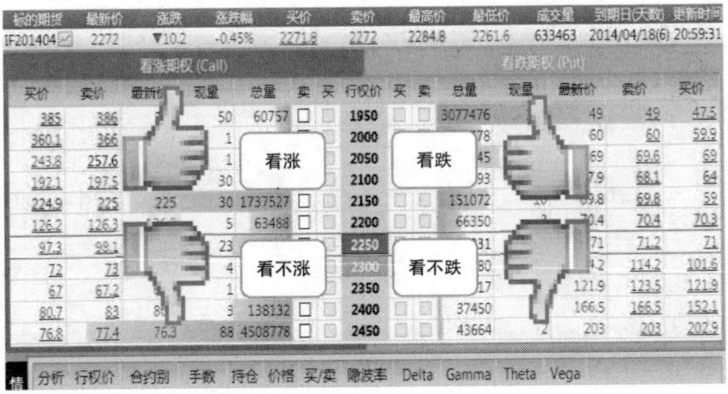

图17

大家有兴趣的时候可以试一下用这个手势，也就是说在做期权交易的时候，买方和卖方，买权和卖权，CALL 和 PUT，根据你对市场的看法不同，你可以选择四种方向的操作：看涨、看跌、看不涨、看不跌，如图 18。

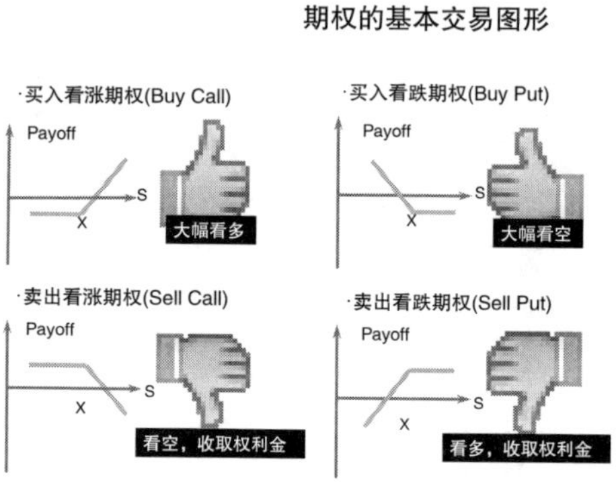

图18

说完了期权最简单的四个交易方向，我们把期权稍微结合一下，做一些简单的期权组合。

如图 19、图 20，我们可以看到基本上市场上会有这样的介绍：跨式、宽跨式，牛市价差、熊市价差的策略，鹰式套利和蝶式套利。实际上我们发现，如果把这些收益曲线和一些交易的策略方法，加入刚才我们讲的这种通过手势来去记忆和判断交易的话，它是一个非常容易和简单的过程。所以基于手势的这种方式，对于做期权的投资者来讲，就是在用玩游戏的方式来做期权的简单交易的操作。

图19

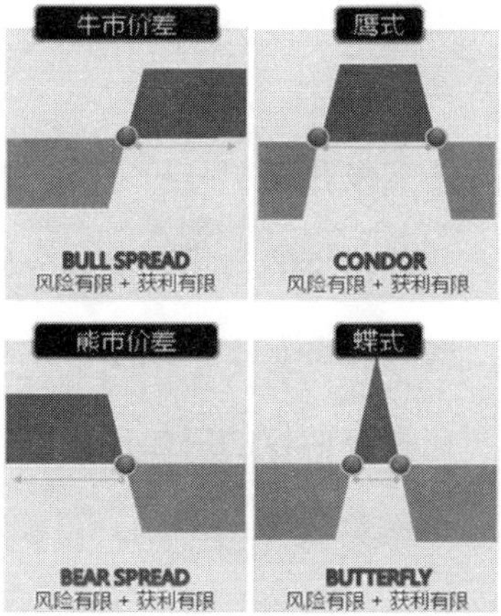

图20

我们可以看一下自己的交易软件，其实这都是在程序里已经设定好的模块，你只要选择你对市场未来走势的看法，如涨、跌、不涨、不跌，包括突破、盘整、盘涨、盘跌，它就会相应地选择一些期权报价的交易，然后再根据盈亏平衡点和收益曲线，包括收益、赚钱、赔钱的概率进行判断，你就可以选择一个期权的交易了，这是交易初期最简单的一种交易方式。

期权可以做什么

接下来我简单分析一下期权的应用跟普通交易的不同。我们知道有几种常见的市场走势，分别是震荡收窄的走势、震荡突破的走势、震荡期间上升下降的阶梯式走势。

在没有期权的时候，我们做这样的交易往往是很难赚钱的。比如一个震荡收窄的结构，可能我们要等它突破后再去做这笔交易，当趋势已经确定，或者说我们可以稍微激进一点先做一个交易。如果对这个市场看涨，我们先买入，那如果跌破了下面的支撑线，我们要卖出止损。但是有了期权以后，我们可以选择突破的策略或者是盘整的策略，就可以赚到钱了。基于这部分我们可以做一个总结，在没有期权的市场里面，我们做交易其实是判断价格的变化涨跌，买入后涨了赚钱，跌了止损；但如果有期权的交易的话，我们判断的不是涨跌，而是市场的结构，判断它是一个震荡的结构还是一个突破的结构，只要我们把市场的结构判断正确了，就可以赚钱。所以我们刚才看到的买入跨式和买入宽跨式的策略，它适合市场突破；卖出跨式和卖出宽跨式的策略适合市场盘整，尤其是震荡收窄的结构。

这些价差策略，牛市价差牛市套利，或者熊市价差熊市套利，适合的是震荡期间上升下降的阶梯式走势。这种震荡区间像上台阶一样，市场结构特别适合牛市价差策略或熊市价差策略。

如果我们不做这种组合的策略，只是刚才我们说的那四种手势简单的策略，那么我们在做期权交易的时候要注意三大要素：市场变化的方向、盈亏平衡点、风险收益的概率。

我们还要强调期权跟普通交易在交易逻辑上的不同，股票和期货交易的是过程，期权交易的是结果。

无论是股票还是期货，我们在做交易的时候是判断它上涨下跌，是判断价格变化的一个过程，我们在交易的过程中希望低点买入，高点卖出；低点做多，高点卖空。但是我们交易期权，面对的只有两种结果：行权，还是不行权。

我们把期权跟易经做一个对比，我认为期权就是易经八卦（图21）。如图 22，这个圆形的期权的各个收益曲线的图，它看上去实际上就相当一个太极图。

期权& 易经

太极，无穷尽的组合

道生一，一生二，二生三，三生万物

图21

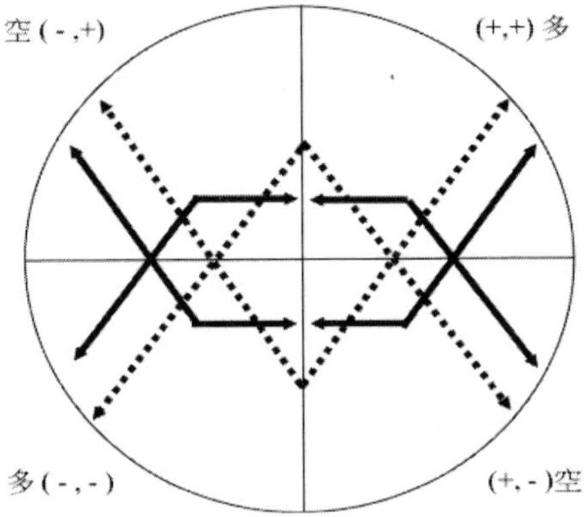

图22

期权就是像易经八卦一样无穷无尽的组合（图 23）。道家说：道生一，一生二，二生三，三生万物。期权也是这样的，如果我们说股市生了股指，股指是一个方向做多，又生了股指期货做多和做空，股指

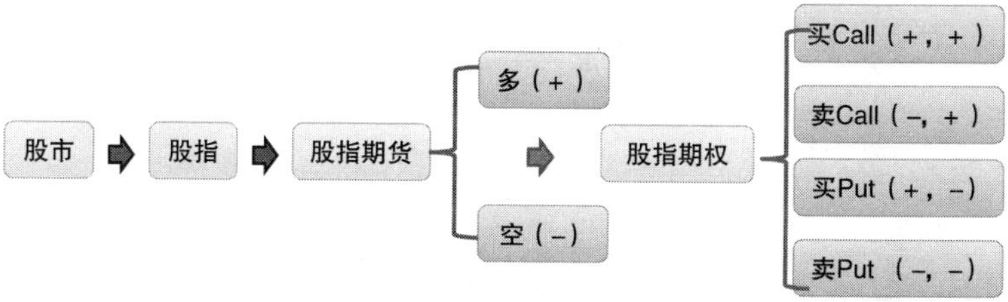

图23

期货又生了股指期权，股指期权又有四个方向：看涨、看跌、看不涨、看不跌。如果我们把买入做多买权看做是阳，把卖出做空卖权是阴的话，可以想象就像图 24，它是一个太极八卦六爻的一种形式。可以想象如果我们把现货、期货和期权结合在一起，可以演化出无穷无尽的投资组合。在不同价位持有不同股票的现货，在不同的点位做多做空股指期货，在不同行权价、不同的合约、不同的点位价格做多或做空期权的 CALL 和 PUT，这是一个无穷无尽的投资组合。如果我们没有一个完整的模型，我们甚至不知道仓位应该做多还是做空，甚至不知道当价格变化时收益曲线会发生什么样的变化。所以在刚刚接触期权的时候，我们可以先学一些简单的期权的交易。

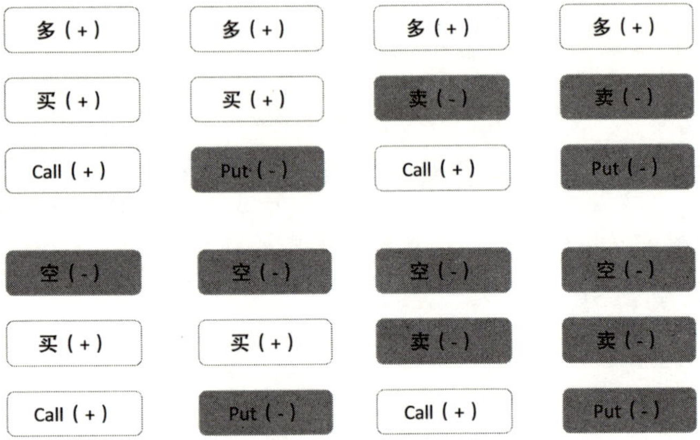

图24

把期权作为固定的收益

以我个人对投资的理解，应该把股票当做定期存款、期货用程序化来做、期权当做固定的收益。股票作为定期存款是什么呢？因为这个市场有涨有跌，不可能有一直上涨的市场，所以涨的时候我们就做多，跌的时候我们就空仓。所以它像定期存款一样，市场价格比较低的时候买进去，市场价格比较高的时候卖出来，相当于存了一笔钱到期了取出来，这是一个定期存款的概念。

期货为什么要用程序化呢？因为期货加入了非常大的杠杆，它把人性的弱点充分地暴露并加倍地呈现出来。如果没有程序的这种坚决执行的止损，很容易在交易的过程中把握不好。我经常看到身边有一些人做期货，亏了钱以后非常疯狂地满仓杀进杀出。作为一个投资者，一年365天里真正最亏钱可能也就那么几天，那几天是他人性的缺点暴露的时候，可能会有理智失去的时候，疯狂的时候很容易暴仓，程序是可以摒弃掉这些人性的弱点的。所以我把期货定义为程序化，并不是说用程序来跑，我们可以通过程序辅助自己做一些回撤的设置，包括一些止盈止损的设置，这些都是可以摒弃掉人性的弱点的，我也是这样做的。

期权叫固定收益，是因为它的最大优势一个是可以管理风险，一个是可以获得无风险的利润，在期权的世界里你可以零风险地获得回报。无论是用期权与期权之间的投资组合，还是期权与期货，期权、现货与股票之间的投资组合，你都可以无风险地获得一些利润。

基本上我们每天会对上证指数、50ETF或者是沪深300股指期货的波动有一个预估，一年下来准确率基本上还是非常高的。

大家最初做期权的时候，一定要给自己的交易的角色做一个定位：是做期权的买方还是卖方。定位好做买方还是卖方，接下来定位赚什么钱，最后定位风险在哪里。作为买方我们希望自己持有的 ETF 基金或者是股票当市场风险发生的时候获得保护，我们扮演的是买保险的角色，风险发生的时候有人来保护。作为期权的卖方，实际上我们扮演的是一个保险公司的角色。比如说车险，卖了 10 辆车的车险，收了 10 份保费，可能一年当中 10 辆车中只有 1 辆车发生的剐蹭，所以只要赔付这 1 辆车的投保者，剩下的 9 辆车没有发生剐蹭，那么保险公司赚剩下这 9 辆车的保费。作为期权的卖方，我们要做的就是扮演保险公司的角色，哪些期权不被行权，到期的时候我们就能赚得大量的权利金，也就是说我们赚得大量的时间价值。

我把期权的交易分成三层境界（图 25），第一层境界就是只交易期权；第二层境界是期权加期货，或 ETF 期权加 ETF 的现货；第三层境界就是做市商或者像我们这种专业的机构，我们在不同价格持有不同的现货期货期权，用模型来计算我们的收益在哪里。无论是哪一种都可以演化出无穷无尽的组合，都有无风险获利、稳定的零风险获利的交易机会。

图25

关于做期权交易，最简单的获利方法要注意以下几点：判断接下来会是一个什么样的行情结构；根据行情结构确定用什么样的策略方法做这笔交易；在确定了获利方法以后，要通过对行情的判断和策略方法确定去赚什么钱；最后也最重要的是评估这个策略的风险在哪里，投资一定是永远把控制风险放在第一位的。

期权交易其实很简单

以上我们用一些简单的方法，把最简单的一些期权交易的方法跟大家分享，希望对大家有一些帮助。最后我想与大家分享一句话，这也是我十几年来做交易的心得体会：Trading is simple,people is complex,so make it difficult! 意思就是交易其实很简单，只是因为人的思想太复杂了，所以让它看起来很难!

以后如果有机会的话，我们可以将分享稍微再深入一点，关于如何在不同的时间节点和时间段抓住不同的期权的交易机会。如果在理想的状态，期权是很容易获利的，如果我们有一个比较简单的好方法，每个月用三到七个交易日，赚取一个 1% 至 2% 的收益，一年下来赚取 20% 是很容易实现的。

接下来我会跟媒体进行合作，大家可以经常在节目上看到我对市场的一些解读，包括期权的一些交易的机会。我希望大家能通过对期权的理解，改善自己投资的收益的曲线。作为一个中国人，把期权的交易方法在中国对所有的投资者做一个推广，让我们中国的金融市场更加繁荣，这是我想做的事情。

我在跟英国的投资机构做交流的时候，他们对期权有一个定义，他们认为期权是真正能让普通投资者赚取机构的钱的一个投资工具。因为在市场大幅波动的时候，这些大机构有庞大的持仓，它们需要用期权来对冲风险，所以每当市场有一个大波动的时候，期权的内含波动率会大幅上升，此时期权的时间价值非常巨大，报价都非常高，这个时候我们去赚机构的钱是很容易的事情。

最后是我十几年交易的总结，我把它总结为 12 个字 ：“顺势而为，知足常乐，是为不争”。在所有的交易过程中，一个重要的精神就是“让”。我们不做市场里第一个抄底的，也不做市场里第一个摸顶的，我们把不确定的交易机会让出去，只把握住那些我们能够看得懂、能够做得好的交易机会。希望这 12 个字对大家的投资也会有一些帮助。

认知市场通用规则，理解变化的通达

中融鑫茂（北京）投资有限公司董事长
尚国明

今天和大家主要分享四个内容。第一是关于市场的历史性回顾；第二是市场通用规则的认知；第三是变化的通达；第四是未来市场的一些展望。

历史的回顾

我从 1992 年开始就职业从事证券投资，在机构当过所长，也当过投资总监。我讲历史问题，不是以专家的身份，因为这个市场根本就没有专家，只有输家和赢家。

从 1992 年中国内地有股市以来，大的市场轮回有这样几次：

1996 年、1997 年的牛市其实是短缺经济向市场经济转移的一个过程；2006 年、2007 年的一轮牛市是中国加入世贸组织，从增量改革角度来讲形成的制造业的一个牛市。1996 年、1997 年从制造业角度看，长虹、海尔和格力是标兵；2006 年、2007 年则是中国走向世界工厂，在跟全世界接轨的角度上，资本市场所作出的反应，当时的标兵是有色金属。

那么下一步呢？我个人认为可能从增量改革形成的市场驱动向存量改革转移。以国外的证券市场反映经济的逻辑来看，是以存量为标的的，从增量改革到存量改革的牛市的开始。

从市场的轮回角度来讲，美国也从 20 世纪 90 年代初经历过这个过程。从增量走向存量改革，包括从改革开放开始，90 年代的制造业兴起，从短缺经济到平衡，再到中国作为世界工厂，以制造业为标的，到房地产的市场化，这种存量改革，美国和日本也都经历过。

这种市场的逻辑主要是来自两个层面，第一个是经济结构的转型，第二个是执政党和政府政策解放的认知，释放政策红利。包括 2014 年走牛的公司基本是以技术为先导的，因为制度红利来得晚了一点。当时走牛的股票，大部分都是从 2012 年的 12 月 21 日到 2013 年 1 月 21 日筑底的公司。

因为政府换届以后，提出以市场经济为主，号召转轨变形。2013 年走了创业板的牛市，2014 年从理论上讲走了政策红利的牛市。存量模式的特点和过去的市场逻辑有些区别。第一个区别是 2014 年这波牛市本质应该是从 2012 年底就开始了。看 2013 年走牛的股票，尤其是创业板，技术上的转型要比制度上的创新快一些，这就是说历史有其浓缩性。

中国 30 年改革开放的经济总量已经超过了其他国家上百年的积累，所以说中国的经济量级积累是大国中比较罕见的。反映到资本市场上，也是剧烈的变化，加上中国市场经济相对不发达，中国政府换届的政治周期与其有着相对应的联系。

从历史上我参与过的市场来讲，我们参与的股票除了个别年份，都涨了几倍，甚至几十倍，例如上海钢联。我们市场的赌性和投资性的剧烈程度，都不输于其他国家。我们证券市场的历史到现在不过 24 年，但是覆盖了改革开放 30 年的大部分。改革开放的政策变化，剧烈地体现在证券市场上。

从业这么多年，市场没有专家只有输家和赢家，我也不承认自己是专家。跟我一起参与行业的人，有四分之一到券商和公募去当高管，四分之一去了境外，四分之一进了监狱，四分之一转行了，这就是这么些年从业人员结构的分类。

对通用规则的认知

在这个市场中，投资者的敌人是自己。因为问题回顾起来比较漫长，我只能从中国 20 多年的证券市场和经济震动的大周期来讲市场认知的问题。

对于投资者来说资本市场有两个问题。一个是政治周期的更替程度，每个政治周期对产业都有不同的支持程度。另一个是投资者的问题，也就是通用规则的认知问题。我们的市场比境外的市场波动要剧烈，因为投机和价值估值问题，从本源来讲还是投机多一些。

即便是老生常谈，关于通用规则的认知，主要有三个层面 ：第一如果你是战略投资者，你买的价格要低 ；其次方向一定要是国家支持的方向 ；最后从投资的几个要素来看，短线看题材，中线看业绩，长线看成长。基本上是这么几个逻辑。

2014 年里题材的延续是非常充分的，从题材的角度看新提出的技术，都是非常激烈的。从制度红利来讲，最大的题材还是国企改革和军工改革，短线的逻辑还是主要做这些题材。关于中线的题材，例如 2014 年的军工，还有 2006 年左右国家要打造的世界工厂。作为中线来说时间长度可能是三个月。长线看成长，长线的时间长度基本为八九个月，一般来说也就是三个季度或第四季度到来年的年报。所谓成长也就是要看产业的成长空间，主要有三个方面：行业的空间值和公司市值之比；科技的渗透率达到什么程度，一般超过 7% 这个行业就要爆发了；公司在行业里所占的市场份额是多少，也就是行业空间值。像前两年走牛的海康和大华，为了社会稳定，到处给高速公路和市内装摄像头，这个行业空间值就是很大。但一个公司的市值达到一定程度例如四五百亿元的时候，空间值就变得很小了。就变成了一个新蓝筹，只有当市值有一定的松动的时候才有投资价值。

所以说成长股一定是有天花板的，长的一般不要超过三年。一个是因为国内对知识产权保护不到位，再一个是因为各个地方会一哄而上把这个产业搞饱和了。这是我们和西方不一样的地方，我们可以在短时间内饱和一个产业。

关于通用规则的认知，我们与西方有几个最大的差别，主要有以下几个层面。

第一，我们过去所学的数学在这个市场是行不通的。在这个市场中一加一永远不等于二，因为这个市场里的数学公式跟我们以往所学过的数学公式有所不同。关于长线目前来看，中国产业周期的更替包括知识产权的保护力度不够，持有时间过长反而不一定有好的利润。

第二，在中国进行价值投资时，由于中国知识产权保护力度相对弱，加上中国人的习惯——一个行业赚三年钱基本就做烂了，所以我们要观察一个公司三年内的市值或者行业成长的程度。

关于价值投资我有几点建议。在投资理论里常用的数学方面，一加一要么大于二要么小于二；7% 等于 10%，或者 10% 永远不等于 10%。在我们投资领域里的数学应用与以往我们学过的数学是不同的，因为 10 元钱的股票跌 10% 是 9 元，但是再涨 10% 不等于 10 元。这就是为什么在投资领域里，10% 永远不等于 10% 的道理。在通用规则里面，由于数学公式的不对等造成投资时看错了止损，就是其中很关键的逻辑。

第三个区别是，我们在进入市场的时候要确定三个主要的问题：一个是股价运动的方向；一个是运动的空间；再有一个是启动的时间。在我们看市场的时候，这三个要素是比较关键的。我过去经常在机构里专门坐庄，所以刨去了坐庄模式。因为在坐庄模式下，投资者在任意视点只能对两个要素作出精确的判断。

坐庄大致分为四种风格：第一独孤求败式；第二武当太极式；第三塞外双煞式；第四蜻蜓点水式。操盘模式大概就是这四个。关于坐庄的模式我就不再讲了，主要讲如何理解股价运动方向、运动空间和启动时间。

关于股价运动的方向，我们先要确定一个问题：大盘的大趋势是向上、向下，还是震荡式。投资的本质实际上是一种概率与期望，但不是胜率越高盈利就越多，因为作为好的投资应该包含七个系统：

第一，自我认知系统。看好哪个行业，能不能吃透，是哪种性格，适合牛市还是熊市，要有这些认知。大盘运行的三种状态技术作战手段不同，在震荡趋势用 RSI 震荡指标，大趋势向上用均线系统指标，大趋势向下主要用发散指标。这种对策，对个股幅度的采取量有很大区别。

第二，自用操作体系。例如性格适合做价值投资，要对财务指标企业的隐形资产有了解，做到对社会大致的全球价值方向交付有认知。

第三，资金管理系统。没有资金管理会造成看对了下手小，看错了下手大的情况。

第四，心态管理系统。有时市场有情绪表现，卖完了开涨，买进了开跌，都是市场情绪范畴的表现形式。

第五，由于互联网的影响，我们必须对全球化有全新的界定。我们要在互联网的条件下对美国技术映射有清晰的认知，对中国映射公司的技术选择取向有清晰的认知。

第六，市场永远是变化的，投资是做处理而不是预测。对于原来的预判的所有条件和认知，当市场出现变化时，应该怎样去管理，必须有完整的系统。

第七，卖出体系系统。所有的困难都基于两点，即买入体系和卖出体系，我个人认为卖出体系比买入体系更为重要。因为从看的书和参与投资那么多年积累的国内外经验来看，从某种角度来说所有的投资大师，都是两个人的组合。为什么？因为每个人都是有弱点的，做实体和投资是不一样的，做实体的亏损不会太大，而做投资的，一旦你的弱点影响了你，你的损失就会很大。

从国外来看，巴菲特如果没有查理 · 芒格，他也成不了巴菲特；索罗斯没有他的搭档德鲁肯米勒，他也成不了索罗斯。包括美国的、德国的等等，这就说明人管理自己的弱点很困难。就像汽车，为什么宝马车能开到时速200公里，吉利汽车不能，并不是发动机的问题，而是刹车系统，宝马汽车开到时速200公里可以刹住车，吉利汽车可能刹不住。

变化的通达

我们应该如何去管理变化呢？首先，股市是有季节的，是有春夏秋冬的。股市的季节从变化的角度讲，相对收益比较确定的周期是每年的11月21日到第二年的4月21日，这是股市的时令。每年的3月21日至4月底，主题投资较多，3月初到4月中旬，也就是4月20日左右主要是炒年报。管理变化一定要注意股市的季节，一般情况下重组并购炒会集中在6月到12月底，因为重组并购很难跨年度。

其次，“两会”后炒美国映射。因为我们所说的技术大部分都是模仿美国，包括基因技术、全息技术、苹果产业链等等。对于投资来讲，“两会”后的阶段性的炒作主要看新闻联播跟发改委制定的政策。

最后，管理变化的通达包含两个要素。其一是信息拆解，变化是有规律周期性的。到了7月份炒中报，不能错过。3月开完全国人大常委会，领导会起草产业政策，所支持的产业一定会爆炒，这是产业政策阶段。其二，知道别人不知道的信息也是很关键的，因为在中国存在大量内幕交易。但是内幕要有确定性。了解信息拆解的重要性，是投资的第一要素。

关于变化有七条总则：

1. 坚持市场主题哲学与自我本体的统一和辩证。

2. 理念哲学为体，技术为用。

3. 先顺应后对应，让市场告诉转折点。

4. 控制住自己，自胜者强，专注实效。

5. 扎实的投资技巧流程执行，而不是经验主义、国际化事业商人的素质。

6. 执行力第一，同时坚持理念、技术、原则、人性的有效统一。

7. 二构成一，即西方逻辑学和中方演绎学的统一，阳性的股票用阴性的办法管理，阴性的股票用阳性的办法来管理。

关于投资哲学，我们应该坚持几个管理变化的哲学：

1. 简单化、常识化、商业化和生活化。

2. 天下独步、鳄鱼哲学和热气球理论。

3．最重要的一点，知道如何控制输比知道怎么赢更重要。

市场没有专家，适合自己的就是最好的，我只能根据自己这么多年来的认知，总结一些特点给大家讲。

关于股票涨跌的决定因素，我个人认为主要有四个：

1．价值解决心理值，也就是说这个股票值多少钱。所谓的估值是在解决我们心理的预期，实际它起不起作用呢？有时候，只有大势来的时候它才起作用。

2．增长行业的拐点决定趋势值。

3．资金供给程度决定了上涨的幅度。

4．市场的情绪决定了泡沫的价值。

所以关于变化，我们经常说会买股票的是徒弟，会卖股票的是师傅，会等的是大师，有的东西是需要忍耐的。

关于未来市场的展望

我个人认为这个行情一直到2019年都能做，因为斐波那契数列1, 3, 5, 7，基本上七年的调整都已经到位了。第一次是1990年那波，调整用了1年，第二波是3年，第三波是5年，这一次是7年。

从宏观层面来讲，首先反腐解决我们国家风险溢价的问题；其次是 PSL，解决了平台债的问题；第三个沪港通，解决了资金供给的问题。但是这轮上涨不是常态的牛市，是血栓型的，也就是说有的部分是偏瘫的被拴住的，而且一般每一次涨都是第一波凶，后面逐渐衰减，但是总体的趋势一直到 2019 年都是可操作的。

操作的逻辑以及大的操作环境我讲过了，还有两个次逻辑。第一个就是国企改革，因为国企改革首先解决了困扰了我们指数的大部分的国有僵尸企业的效率问题。如果不改，我们的指数永远也涨不动，因为控制指数的大部分都是国企，国企中的大部分又都是一些僵尸企业，只有僵尸企业盘活了，市场才能形成效率。第二个次逻辑，就是技术创新和商业模式的变革，这是大家已经形成了共识的，所以也不会形成大的纰漏。

基本上未来几年的路线图给大家画出来了。但是我们主要操作的两个方向，包括百圆裤业和佳电股份，就是炒的商业模式和技术突破，而成飞集成炒的就是制度红利。

我们未来投资主要瞄准两个大的方向。70% 应配置于制度红利层面，也就是国企改革、新的产业政策，包括集成电路、云计算、大数据、芯片，这都属于制度红利，就是国家非要搞的，包括军工也是一种制度要求。首先，国企改革是一种制度，要改；其次，国家要求下重金，把缺的产业补上来。

第二个大的投资方向关于技术红利和商业模式红利。技术红利就是看谁能率先模仿出美国的技术，或者自己研制出新的技术；商业模式红利目前来看主要就是电商了，跨境通和长江投资就是典型的商业模式变革。

但是从我个人的判断来讲，2019 年或者 2021 年之间上证指数有可能突破 8000 点，我也和大家打个赌，认为没什么问题。因为还有几年的时间，离我们比较遥远，我们本质上还是要熟悉并找到属于自己的方法的。

总之，股市是变化的，在每一个季节中配置什么样的方向、什么样的品种是很关键的。

不管怎么样，从现在开始到未来的几年时间，都是一个可以投资的时代。中国终于过渡到一个资本过剩的时代，我们一定要找到适合自己的方法。

任性的分级基金

中国农业银行部门总经理
傅慎

分级基金很任性。好多同学要求科普一下，我尽量用通俗易懂精确的语言来说明。

孔丘有一句意味深长的话，叫“己所不欲，勿施于人”，是刻在《论语 · 卫灵公》上的。

什么是分级基金

股票市场上有两种人，一种有较强风险偏好，一种比较稳健。假设基金公司发行一种基金——比如 1 亿元，公司把它叫做母基金，然后按照 1:1 的配比（这个配比因基金而异，也可以四六开、三七开）

分做两部分，分别叫 A 和 B。

其中，5000 万的 A 可以获取稳健收益，比如一年期银行存款加 3%；5000 万的 B 获取浮动收益。然后基金公司拿 1 亿元的母基金去炒股，这样就相当于 B 基金的持有人以付出 A 基金持有人的收益为代价获取资金炒股。

这样算来，B 基金的初始杠杆就是 2 倍（减去支付 A 基金收益部分），因为它买了 5000 万资金又借了 5000 万资金去炒股。

分级基金的利润分配

我所关注过的分级基金是不进行收益分配的，它的利润或亏损以净值来表现。以母基金为例，原始净值 1 元，当日收盘后有 20% 的利润，净值就是 1.2 元，体现在 A 与 B 的净值上是如下这样的。

A 的净值随着时间的增加而增加，直到一年后最后一天，也就是一年期存款利率加 5%，按现行利率就是 2.75% + 5% = 7.75%，那么净值就是 1.0775 元。B 基金净值可以简单地用母基金的净值乘以 2 再减去 A 基金的净值。

比如，母基金年终净值是 1.2 元，那么 B 基金的净值就是

1.2 元 ×2 − 1.0775 元＝ 1.3225 元，相当于年利润 32.25%。可以看出，如果没有杠杆的话，B 的收益只有 20%。但反过来，如果母基金亏损，那 B 基金就得承受反向杠杆的结果。

比如，年末母基金净值 0.9 元，那么 B 基金净值就是 0.9 元 ×2 − 1.0775 元＝ 0.7225 元，亏损从 10% 扩大到 28%。

分级基金的交易

分级基金有两种交易方式。基金成立后，公司将母基金分拆为 A 和 B 到证券市场交易。在这种情况下，我们买基金有两种选择，一种是场外申购，也就是向基金公司买；一种是场内交易，是投资者之间跟买卖股票一样的买卖。

分级基金的配对转换

因为 A 和 B 是从母基金分出来的，按照基金交易的规则，你可以从二级市场买入同样份额的 A 和 B，比如各 1 万份，合并成母基金卖还给基金公司，这叫买入、合并加赎回。你也可以到基金公司先行买入母基金，然后转到二级市场将它拆为同样份额的 A 和 B，这叫申购、拆分。

分级基金的折溢价

和股票交易不同，场外基金成交价的计算是按照“未知价”原则的。也就是说，从基金公司申购和赎回基金的价格要到股票二级市场收盘，确定基金净值后才能知道，一天只有最后一个价格。而股票市场价格每分每秒都在变化，况且谁也无法精确计算收盘后基金的净值，因此就产生了折溢价。

分级基金的折溢价与“封闭式基金折溢价之谜”是一个道理，但在本质上它们却有所不同：分级基金收益不分配，这为二级市场折溢价的存在奠定了制度基础。换句话说，A 和 B 的价格可以非常任性，完全不要任何逻辑支撑，只要理论上 A 与 B 合并后价格与母基金净值的偏离不特别离谱就行。

分级基金的份额折算

份额折算分为定期和不定期。

定期的一般是一年一次，只有 A 和母基金参与，B 不能参与，折算后 B 的份额配比和净值都保持不变。这种所谓的折算就是将 A 的净值重新调整为1元。但要注意的是，这种折算不以现金形式体现，而是以增加场内母基金份额的形式体现。

不定期折算取决于不同基金的“触发机制”。母基金与 A 和 B 都要参与。比如某公司可以规定，当母基金净值超过某一数字，比如 1.5 元时就进行折算。

折算后，A 与 B 的 1∶1 比例不变，母基金与 A 和 B 的净值均调整为 1 元。超过 1 元的部分以母基金份额的形式分配给持有人。这就叫“上折”。折算后 A 与 B 的份额配比不变。反之，公司可以规定当 B 级基金（注意，这里就不是母基金了）净值低于或等于某一数值时，便进行“下折”，也就是净值调整到 1 元。

净值与杠杆比例

净值的大小直接影响杠杆比例。折算的本质就是让基金的杠杆保持原始比例不变。

分级基金的杠杆可以分为初始杠杆、净值杠杆、价格杠杆。

初始杠杆＝（A 份额份数＋ B 份额份数）÷B 份额份数。比如 A 与 B 的配比为 1∶1，就是 2 倍杠杆；A 与 B 的配比为 4∶6，就是 1.67 杠杆。

净值杠杆＝母基金净值 ÷B 份额净值 × 初始杠杆

价格杠杆＝母基金总净值 ÷B 份额总市值

我们要关心的是净值杠杆。例如，某基金初始杠杆为 2，T 日母基金和 A、B 净值都是 1 元。T ＋ 1 日，母基金净值 1.05 元（市值涨了 5%），A 基金净值仍为 1 元，这时 B 基金的净值为 1.05 元 × 2 － 1 元＝ 1.1 元，杠杆是 1.9 倍。

假如某日母基金净值提高到 1.5 元，忽略 A 基金的净值变化，仍假设为 1 元，这时 B 基金的净值为 1.5 元 ×2 － 1 元＝ 2 元，净值杠杆为 1.5÷2×2 ＝ 1.5 倍。如果母基金净值进一步提高到 2 元，这时 B 基金的净值杠杆就只有 1.3 倍了。

相反，如果母基金净值低到 0.6 元，这时 B 基金的净值为 0.6 元 ×2 － 1 元＝ 0.2 元，杠杆比例为 0.6÷0.2×2 ＝ 6 倍。

从上述原理看，基金净值越低，杠杆越大，二级市场上的波动也就越大。

分级基金的套利

同一种商品或者可以替代的商品只要存在两个市场，套利就成为可能。

分级基金套利主要有两个方向：一是二级市场价格高于基金净值，二是二级市场价格低于基金净值。套利的方法毫无技术可言，非常简单粗暴：当第二种情况出现时，你只要在场内买入同配比的 A 和 B，然后合并成母基金再赎回。当第一种情况出现时，你只要在场外申购母基金然后到二级市场拆分为 A 和 B 卖出就可以了。

不过，因为一般情况下，分级基金套利拆分时要经过 T+3 的过程，即 T 日申购，T+1 日确认，T+2 日拆分，T+3 日卖出，所以就有个时间成本的问题。更何况，谁也不知道这三天里世界将发生什么！

如何构建A股存活体系

北京海贝财富投资管理有限公司研究总监
武鹏隆

我今天和大家交流的是关于投资方面的个人的一些体会和总结！简单概括为三句话是：两大体系、两种能力、一种策略。

每人都有自己的投资体系，包括宏观分析体系、行业分析体系；两种能力包括个股选择能力以及对股市情绪的感应能力；一种策略指的是制定合理的交易策略。

宏观分析体系

宏观分析体系主要是用来把握大趋势，然后采取不同的资产配置策略和投资策略的。我个人偏好“美林投资时钟”，大家应该不陌生。

美林投资时钟的主要原理是，根据经济增长趋势和通货膨胀趋势，将经济周期划分为四个阶段：复苏，过热，滞涨，衰退。根据美林投资时钟理论，在经济周期的不同阶段，股票、商品、现金及债券这四大类资产表现不一。

在复苏阶段股票表现最好；在过热期大宗商品表现最佳；在滞涨阶段，保有现金是最好的选择；在衰退阶段，债券是最佳的投资选择。投资时钟体现的是实体经济与投资策略之间的基本关联，由于各国经济所处发展阶段及经济政策的不同，以上四个阶段的持续时间并非一致，甚至会跳过某个阶段，但投资时钟可以给我们一个大致的资产配置方向。

研究美林投资时钟，我们就不得不研究经济周期。经济周期研究非常丰富，对我们投资上指导意义最大的是“基钦周期”和“朱格拉周期”。“基钦周期”是1923年英国的经济学家约瑟夫·基钦发现的每三至四年轮回的库存周期，像中国的房地产、生猪价格是典型的“基钦周期”。

1862年法国医生、经济学家克里门特·朱格拉在《论法国、英国和美国的商业危机以及发生周期》一书中，首次提出了市场经济存在着九至十年的周期波动。这种中等长度的经济周期被后人称为“朱格拉周期”。三个基钦周期构成一个朱格拉周期。

中国目前的经济和股市，处于经济周期的什么阶段？把握好当前所处的经济阶段对投资有很好的指导意义。

从“朱格拉周期”来讲，九至十年一个周期，我国经济和股市体现得非常明显。一般规律是逢 2 见底，逢 5 起步，逢 7 见顶。大家回想一下前两轮朱格拉周期，1992 年和 2002 年见底，然后开始第一段上升，然后回落，分别在 1995 年、2005 年回落见底。

中国的股市和经济，2012 年政府换届，2013 年新政府上台，出台了一系列稳增长措施。目前处于新的朱格拉周期的复苏阶段，由于处于更大级别长波周期的衰退阶段，故复苏态势并没有那么强。

自 2012 年中以来，上升的基钦周期从 2013 年三季度开始进入下降阶段，下降的低点在 2015 年二季度。从朱格拉周期来看，到 2015 年二季度，本轮基钦周期下降阶段结束。这正好对应的是朱格拉周期的上升阶段中的回调结束，大小周期共振，开始新一轮基钦周期，对应着朱格拉周期上升阶段的末升段。

2015 年二季度已见中国股市本轮熊市调整的低点，接下来会一直上涨到 2017 年二、三季度。这是我们对下一轮系统性牛市的长远预判。

所以我们的股市策略应该是有反弹就出货，不断地做反弹，获利就出来。当然从更长的周期来看我们是有信心的。新的系统性牛市周期应该是从 2015 年 6、7 月份到 2017 年的 10 月左右，从朱格拉周期的角度来看是这样的。短线由于基钦周期的影响，是要回调的，回调到 2015 年的二、三季度。

以上是我对宏观经济和股票大势的分析，我们做股票一定要先看大势，覆巢之下安有完卵！我们要把大势分析好，定义好，了解股票长线、中线和短线都处于什么样的态势和结构，然后制定相应的操作策略。各个阶段的操作策略是不一样的：牛市中买入并持有，熊市中逢高出货，震荡市就采取高抛低吸。

行业投资分析

关于行业投资分析，首先要考虑行业前景：是不是朝阳产业；是否是有政策支持的行业和产业。比如我们说的七大战略新兴产业，国务院曾明确表示支持，2013 年行情表现最好的就是这些新兴产业。而钢铁、水泥、电解铝等传统产业由于产能过剩，机会并不多，虽然会有阶段性的脉冲反弹行情，从长期来看，传统产业的市值会被新兴战略产业的市值份额所替代，这是经济结构调整的必然结果。

行业投资分析的关键点我归纳为四新：新能源、新技术、新模式、新生活！

随着全球应对气候变暖呼声的日益高涨，以及能源短缺、能源供应安全形势的日趋严峻，可再生能源以其清洁、安全、永续的特点，风能和太阳能在各国能源战略中的地位不断提升。太阳能和风能作为可再生能源中成本较低、技术较成熟、可靠性较高的新能源，近年来发展很快，并开始在能源供应中发挥重要作用。

美国经济学家里夫金在其《第三次工业革命》一书中给我们描绘了一幅宏伟的新能源蓝图，提出了“能源互联网”的新概念，感兴趣的朋友自己可以看一下。

以互联网为代表的信息技术，以及如3D打印、工业机器人等新兴技术，是我们重点关注的行业。科学技术是推动社会发展的第一生产力，从长远来看，一个国家的经济繁荣程度及富强程度，除了受到人口、资源等传统资源禀赋的制约以外，创新能力对一个国家经济发展有着至高无上的作用。

熊彼特认为，每一个长波周期（约50年）都会出现一次重大的生产技术的革新和生产方法的变革。及时发现并参与到未来重要的新技术行业，与风口上的“猪”一齐起舞，会获得超额回报。

新模式说行业有自己独特的商业和盈利模式，苏宁电器之所以能成为上一轮牛市的大牛股，得益于其家电连锁企业的盈利模式。由于家电销售业态的演进，从过去依赖于百货商场的家电柜台、小家电门市等传统渠道，转向以专业家电连锁业态为主，苏宁、国美、大中、永乐等连锁企业抓住历史机遇迅速成长。

随着 2008 年金融危机后大规模刺激政策的出台，房地产价格暴涨，大大抬升了店面销售的成本。我们看到了以阿里巴巴、京东商城为代表的电子商务趁势兴起，让天下没有难做的生意，构建了独特的向供货商和诚信通会员收费的盈利模式。随着阿里巴巴和京东上市，相信又会造就相当数量的富翁。

所谓新生活，指的是适应新经济条件下人们的生活方式和消费结构的改变，传统的吃、喝、住、行方式的改变带来了新的投资机遇。例如，随着生活水平的提高更加注重精神生活，大家可以草根调研一下身边的人，是不是这两年来看电影的频率越来越高了？这个回答一定是肯定的。2013 年文化传媒股票的暴涨就得益于这一生活方式的改变。

所以，我们要做生活的有心人！健康、环保、安全、舒适的消费理念正在越来越深刻地影响着我们的生活。医疗保健、新能源汽车未来会有比较好的机会，从 2013 年的走势我们也能看出一些端倪来。

个股选择能力

接下来介绍一下我选股的标准和心得。

其实选好行业之后，选择个股相对就比较容易了。行业表现好的话，具体个股就是涨多涨少的问题了，当然我们每个人都希望找到那只涨幅最大的个股。

除了符合刚才说的“四新标准”外，第一是选行业中的龙头个股，第二是细分行业隐形冠军，第三是市值大小和资金力量的博弈分析。通过这几点基本可以找到行业里表现较好的个股。

市场情绪的评估能力

市场情绪由我国股市的特点决定 ：首先，中国股市是新兴加转轨的市场，官方文件出现很多次，新兴加转轨表明不完善，就容易出现博弈操纵，因而波动大；其次，计划经济向市场经济转型、不完善向完善转型，中间有很多套利的机会。目前中国市场是以博弈为主的市场，一个大级别的波段走完之后，一定要注意及时获利止盈。在熊市中可以运用价值投资方式选股，由于“牛短熊长”也是中国特色，所以要做好长期持有打持久战的心理准备。

市场情绪可以根据交易所公布的数据来评估，最典型的是公募基金“88%魔咒”。在股改前公募基金的操作在市场中占据非常重要的地位，虽然目前产业资本话语权正在逐渐增强，但是这一指标依然可以作为我们的重要参考依据。另外，还有交易所公布的股票持仓账户的占比数据，这一数据和市场走势基本上呈负相关，大家可以去统计看看。

其他的情绪指标大家还可以用心观察。身边的人各个都扬眉吐气喜气洋洋，行情一定是阶段性见顶；当身边做投资的朋友都陷入悲观，发誓再也不踏进市场一步，可以看作反面指标，或许正是入场的机会。当然这种感悟有一定的艺术性在里面。

以前在券商工作时，能看到一个现象：行情好的时候，散户交易大厅人很多，大家一片光明；熊市底部，正是交易所门可罗雀的时候。这个市场情绪感应需要一些情商方面的东西。

根据我国股市独特的国情和特点，再怎么强调博弈的影响都不为过。博弈是一个非常重要的影响变量，上涨和下跌是筹码转换的过程。相对低位时，大资金看上一只股票，要先吸筹，低位换手；不断折腾，人气没有了，实现低位换手，然后洗盘，然后拉升！

在从底部 5 元做到 10 元的过程中，位于底部时是没人关注的；相对高位时，天天拉大阳线或涨停吸引大家来关注，这往往是最危险的时候，也是主力开始高位出货的时候。高位放巨量之后再也没有收复失地，那就说明主力成功地进行了高位换手，接下来财富转移也不可避免。

关于博弈，有本书叫《股市博弈论》，推荐大家看一下。

另外，一些技术手段也可以用，比如说成交量、均线、布林线等，每个人都应该有自己特别熟悉的技术指标。

制定合理的交易策略

有些朋友可能已经建立了自己的分析体系，但是我们发现这并不代表你能从市场上持续稳定赚钱。为什么？因为分析和交易之间，还需要一个执行的过程。有了分析体系后，一定还要有自己的交易体系，也就是要制定合理的交易策略！

王阳明先生说 ：“未有知而不行者，知而不行，只是未知。”我觉得这句话非常好！大家可以仔细体味一下。

好的策略应该包括以下要素 ：第一，买入的条件是什么？第二，什么时间买入？第三，什么条件止损 ？第四，什么条件止盈？第五，仓位资金占比多大？

不知道大家有没有交易系统的交易策略，也许有但没有量化，我建议大家一定要量化，根据历史数据来验证。好的交易策略应该有以下特点 ：第一个是盈亏比，不低于 3∶1。第二个是胜率，大概 40% ～ 50%，不宜太高，太高有过度优化的嫌疑。第三，对历史连续盈利和连续亏损做一个统计后，你会发现你的交易系统在连续多次亏损后，胜率却在逐渐增加，此时应该是你出手的时候，而不是退场。反而是在连续盈利多次后，出现亏损的概率增大，应该收手后者以小仓位参与，而不是加码。第四，交易系统应该是顺势交易而非逆势的，当然我不否认有部分投资通过做震荡也能赚钱，但我个人认为追势系统适合我的个性，在带杠杆的交易中，做趋势交易的优势就更为明显了。第五是你的资金管理策略怎样？买入信号出现后，第一批买多少，分几批买？若分三批，一般第一批该是 30%，后面的加仓、减仓，都是需要量化的，资金管理在交易策略中非常重要。

以上，我跟大家分享了两个体系、两种能力、一个策略。分析、交易、资金管理，都说到了，按照这个体系来研判和交易，基本上对于大类资产配置的时机和比例以及宏观大势会有较为明晰的理解，在实际交易中也会按照一定的规则来交易，这时你会发现投资是一件很单纯的事情，虽然它并不简单！

能持续在市场上生存下去是最重要的。巴菲特说过，保护你的本金，生存第一。在行情有利的时候要敢于下大的赌注；在行情不利的时候，学会及时收手，保护本金，要学会等待，耐性很重要。中国股市牛短熊长，熊市中等待的时间更长，这也是人的一种修炼！

长期看多的情况下如何投资A股

中融鑫茂（北京）投资有限公司董事长
王军

在正式开始讲投资之前，我想说几句题外话。

第一点是今天交流的时间比较短，大家不要指望通过一个小时的时间，让自己实现一夜暴富或有重大黑马推荐，这不是今天交流的主要目的。早上就有群友问我本周推荐什么股票，其实我们应该关注的恰恰不是这个。我希望通过我们的交流和过去的经验体会，让大家能够倾听别人的体会和经验，这比暂时推荐一匹黑马，或月涨幅 50% 的收益更重要一些。

第二点是本人在做一家投资机构，主要从事并购和二级市场的一些投资，当然都是偏向于股票的。所以今天的交流涉及个股不会太多，说实话我也记不住我的机构都持有哪些股票。如果不小心涉及个股，涨了也就罢了，如果跌了，可能会引起一些不必要的麻烦，请大家理解。

我们在看足球世界杯的时候，会很纠结谁会小组出线，谁会进入八强，谁会进入四强，谁会最后夺得冠军。因为世界杯确实存在很多不确定性，但是之后我们发现，那些进入决赛的还是那些熟悉的强队，进入四强的还是过去表现最好的队伍。

这说明看起来不确定的东西背后都有一个确定的要素，那就是我们自己的准备。机会只垂青那些有准备的人。运用到股票投资上来说也是一样的，我们要经过长时间的积累准备。虽然看起来就是在一分钟之内敲敲键盘所作出的决定，或是朋友的只言片语，或在网上看到的一句话，却触发了我们的投资灵感，其实这些都和我们多年积累的个人经历、个人的敏感点、直觉密切相关。投资最后是艺术，但是在艺术之前，首先需要的是素养和功底。

投资是一个个性化的行为

为什么说投资是个性化的行为，其实不同的投资者都能在市场上获得成功。比如我们经常看到的巴菲特通过长期投资、价值投资，获得巨大成功等，其实是和他的性格、经历，以及美国经济、社会所处的阶段密不可分的。

所以在决定进入投资领域之前，我建议大家首先要做的就是对自己进行详细剖析。比如你是一个性子比较急的人，那你就不适合做像巴菲特那种需要持股五年、十年的投资。如果你是一个性格稳健的人，不追求短期涨跌，对短期的下跌有一定承受力，那你就适合长期投资。

所以我建议在做投资之前，就像我们去看医生之前一样，首先要把自己的长处弱点，自己过去的经历，自己身边家人朋友的情况，他们给你的影响，以及你个人的定力，综合起来考虑。

实际上在我看来，每一种投资者都能成功。性子比较急可以通过短线交易来获得收益，性子比较慢的人可以通过长期持股来获得收益，重要的是你得具备相应的能力，而不是人云亦云。投资市场是非常公平、非常平等的。

我今天交流的关于股票交易和投资的一些经验和体会，是基于我个人的。因为我 20 多岁就进入资本市场，成功得也比较早，但由于自己的冒进和过于偏执，比方说持股过于集中，过于偏向风险比较大的资产，偏听一方面的研究和分析，后来遭受了很大的失败。

在经过了几年冷静下来的思考之后，我现在的投资风格是适合我自己的。这种风格是由我个人的经历、教育，我的人生观、价值观，我现在的家境，包括我现在的投资圈子形成的。所以我建议大家在投资过程中一定要结合自己的实际情况，不可以偏听偏信，比方说谁推荐黑马准什么的，实际上没有一个人可以永远准确判断下周的涨停股票。而且市场是随着大势而动的，一旦大势不行，覆巢之下无完卵，个股是难以逆势而上的。

任何人给你的建议，都只是建议，你一定要有做决定的理由。这个理由既是感性的又是理性的。大家今天看到我的投资的情况可能觉得是成功的，看到的是光鲜的，实际上这个过程是非常曲折也是非常心酸的。今天看来似乎不算什么，但在这个过程中你怎么面对，这才是问题，才是最后的结果。

中国股市目前所处的阶段

要说资本市场、股市，我们必须谈到美国。自 2008 年金融风暴爆发七年以来，美国股市处在六年的大牛市当中。2008 年泡沫破灭之后，美国回到一个新的底部，有了一个坚实的基础，逐渐形成一个非常强劲的牛市，创立了一个新高。

美国从衰退到六年牛市的来龙去脉是什么呢？金融危机爆发之前美国通过数年印发钞票，所形成的泡沫在 2008 年随着雷曼兄弟等一系列事件破裂，从而经济衰退。而造成美国股市六年牛市的原因有几点：

第一点是政府在低位买股票。我崇尚市场决定一切，从根本上讲我是反对凯恩斯主义的，我是一个市场自由主义者。为什么在这里要谈到美国政府的影响力？这和今天美国道琼斯指数、纳斯达克指数的走势是密切相关的，因为尽管政府不能决定市场，但它是重要的参与者之一，也是最有力量的参与者。

美国政府这个强有力的参与者在 2008 年泡沫破灭的时候低位承接大量股票，比如花旗、房地美、房利美。购买这样一些公司的股票，后面通过持续地 QE，继续不断地回购资产，推高股市。在推到一定程度，市场平稳之后，逐步退出市场，将市场的主导权交给自由投资者。

今天看来，美国政府这样做实现了名利双收。美国政府不但没有产生新的负债——因为它在高位抛出股票，而且实现了巨大的利益。美国政府通过推高股市——印发钞票——进一步推高股市——

减持股份，这一实现产业转移的方式，获得了选民的欢呼。

看完美国，我们再来看看其他主要经济体的情况。欧盟自 2008 年以来，由于只有统一的央行，没有统一的财政，所以本质上来讲是一盘散沙。区域的差异，产业布局的不均衡等原因，无法真正形成内部的统一市场。

欧元的创立者有良好的出发点，但他们没有考虑到人都是自私的，每个人的出发点也不可能一样，这盘散沙很难打平。所以欧盟在未来的一段时间内（没有解决好这些问题之前）很难成为全球资产的主要配置对象，也就是说欧洲整体暂时不可能产生牛市。

第三大经济体日本已经步入没落是显而易见的。日本进入老龄化社会以后，社会的创造力、生产力以及社会交易成本都非常高，所以日本也不具备形成大牛市的可能性。

同时，我们更加明显地看到，在全球主流政治经济力量中，俄罗斯的矛盾成为国家之间的主要矛盾。我们看到的伊拉克问题、叙利亚问题，包括朝鲜问题实际上都是局部的问题。而俄罗斯拥有这么大的国土面积，这么大的经济军事力量，这么大的影响力，加上 20 年来油价持续飙涨处于高位，挣了很多钱。俄罗斯的腰杆非常硬，所以能对美国和欧盟进行挑衅。

在俄罗斯没有展示肌肉之前，中国的矛盾似乎是世界主要的矛盾。中国如何和平崛起，如何处理好与日本、太平洋诸国，甚至与印度之间的关系，在当时是主要的问题。现在随着俄罗斯与乌克兰局势的进一步紧张，中国的问题成为第二位的问题。

简要回顾美国、欧盟、日本和俄罗斯的情况，目的是要了解世界整体格局和我们所处的时代。随着美国六年的大牛市做了一个强劲有效的示范作用，随着欧盟一盘散沙局面的呈现，随着日本的没落，俄罗斯成为世界矛盾的主要焦点，而给中国、印度这样的国家，带来了百年不遇的发展机遇。

所以从全球资金配置上讲，由于六年的牛市，美股至少处在阶段性的一个高点，短期内再成倍上涨有难度。欧盟不具有中长期投资价值，日本已经没落，俄罗斯成为主流国家的眼中钉。显然中国、印度这样的国家将成为全球长期资金配置的重要方向。以上回顾的是我们在全球的局势中所处的位置。

下面再来看中国的情况。改革开放 30 多年以来，中国粗放式的发展已经进入尾声，就是靠人口红利、低成本劳动力、低成本生产资料、低成本生产关系的发展已经结束。中国经济面临新的发展机遇，同时也面临过去长期粗放式发展造成的问题，当前是一个机遇与风险并存的阶段。

中国面临的第一大问题是腐败问题，腐败的重点是企业腐败。比如说我们 2014 年打的“老虎”，主要也是在石油领域。这种腐败既涉及个人财产的鲸吞，同时更涉及重大的国有资产流失。

中国面临的第二大问题就是房地产问题。房地产随着过去 15 年的高速增长，现在到了一个必须要重新定位的阶段。同时房地产在国民经济中处于一个非常重要的位置，对国民经济、地方财政，很多行业以及上亿人的就业会产生巨大的影响。房地产这个问题要正确地面对，既不是像外面媒体所蛊惑的那样房价快速下跌到老百姓都能买得起房，也不是像另一部分人说的房地产继续高速增长。

房地产的问题不是我们今天重点考虑的问题，简单说我的观点是房地产不具备继续高速增长的可能，那么刚才前面提到的涉及这么多就业、税收、财政收入的产业，如果没有新的产业崛起并逐渐替代它在国民经济中的支柱作用，中国经济会面临一次硬着陆。房地产的问题既是房地产行业本身风险的问题，也是其他行业经济调整机遇的问题。投资要看的就是机遇。

中国面临的第三大问题就是环境污染问题，以及其产生的民怨问题，包括像北京、上海的 PM2.5 问题，土壤污染、水污染、食品安全问题。

改革是主流，发展是主流。从这个角度上讲，中国的股市处于迈向牛市的前夜。当然这种牛市不同于以前粗放式的牛市，即房地产、金融一哄而起的牛市，指数几个月之内上飙数千点。之前有很多网友问我，你老是说中国股市处于牛市的前夜，这话好像谁都会说，永远不会错。事实上我前面所讲的都是在回答这一点，它不是套话，也不是没有理论依据的信口开河。

值得庆幸的是针对上述三大领域的重要问题，我们看到政府正在采取一些有力的措施。比如反腐，官场的反腐到企业的反腐正在进行。同时我们也正在寻求一些新的替代房地产的产业，我们也看到政府正在进一步开放，比如沪港通、深港通、国企改革等。所以结合整体情况来看，中国是全世界未来发展的一个重点，同时也处于实现国家的二次创业、二次改革开放、二次生产力爆发的一个瓶颈。

所以我对大势的判断是中期向好，短期由于 2014 年限制新股发行数量出来一段时间的涨幅，9 月初 A 股处在一个整固的阶段，这个整固期没有太长。在整固以后中国股市在中长期是向好的，2014 年还处于酝酿的阶段，真正的长期慢牛在 2015 年、2016 年开始逐渐产生。

随着改革的深入，新股发行制度的合理化，货币政策进一步宽松，我认为 2015 年开始中国股市会迈向一个局部性的牛市。同时我要申明的是，这是牛市的早期，不是说指数涨多少，而是一个结构性的牛市，后期随着国有企业的效益逐步体现，才会逐步反映到指数有一个快的发展。简单一句话，从大势上讲，我是一个看多的投资者。

追随策略下A股关注的重点

经过很多年的探索和思考，我一直在寻求 A 股投资的主线。到今天为止，我觉得我基本上对中国 A 股有了一个全面的认识。如何成功投资 A 股需要注意两点，第一点是看着领跑者——也就是看美股，采取追随的策略。第二点就是深度挖掘中国特色。

做过港股的投资者都知道，香港市场基本上是落后于美国市场三到六个月，A 股市场基本上落后于港股三到六个月，在 A 股长期看多的情况下，要找到 A 股投资的主线，重点是要深度挖掘美股和港股长期走牛的一些股票。比如说，前两年我们看到在纳斯达克和香港的网络股或者科技股走强。去年以来，中国创业板和中小板实际上是步了美股和港股的后尘。

中国的特色非常明显。中国是一个人口非常多，市场非常庞大，科技实力比较弱，国有企业是社会主流的经济体。中国特色是指多人口市场、政策红利、改革开放、人口老龄化、军工这些方面的投资机会。

我总结了美股的追随策略的一个启示：我认为长期来看，A 股真正的大牛股一定是在商业创新、技术创新和市场创新三者中产生。这里说的大牛股，是指具备十倍以上涨幅的大牛股。所以对中小投资者，我建议重点关注小市值的公司，小市值当然不是越小越好，市值应该在 30 亿元到 60 亿元之间。

我建议中小投资者重点关注 30 亿元到 60 亿元市值的中小板、创业板，以及主板中真正实现产业转型，主营业务突出，市场空间巨大，具备商业创新、技术创新和市场创新的公司，可以长期持有。这样公司的股票，一旦买了长期持有，获得的收益远远超过每天追涨杀跌或追热门获得的收益。

说到具体的行业和标准，从美股的走势上来看，在行业选择上我建议重点关注互联网、新能源、TMT、金融创新。金融创新不是指传统的投资银行、传统的商业银行，也不是指信托公司、保险公司。金融创新是指在新的金融环境下，比方说互联网金融、投资理财、财富管理这些领域的一些公司。

例如，在美国有家公司叫富兰克林，是做财富管理和投资的。在过去 20 多年间，其涨幅远超苹果和微软。金融创新这块，A 股目前也有一些苗头，按照美股的追随策略，是值得我们关注的第三个领域。

我想在这里主要是与个人投资者的交流，所以不重点讲资产配置、风险管理。我重点讲的是资产效率，所以我推荐的行业更适合个人投资者，请机构投资者不要偏听。

中国特色策略下的投资重点

前面讲过，中国特色是指多人口市场、政策红利、改革开放、人口老龄化、军工这些方面的投资机会。那么我建议重点关注军工、国企改革、新技术三大领域。军工行业自国家安全委员会成立以来，军工股以航天科技、航天科工两大派系为龙头，会有一个长期的牛市。

做军工的时候，一定要注意节奏。因为军工是一个长期牛市，避免不了有曲折。具体点儿讲，2014 年 9 月到 11 月，军工有一波表现，但 11 月后由于投资者的 A 股投资策略变得保守，开始看业绩了，军工股业绩长期比较差，所以收一收。2015 年 3 月年报公布完，军工没有压力，又有一波表现。一直持续到 6 月份中高业绩来了，大家会回撤，八九月份又开始炒。

所以长期的牛市并不是天天牛市。我说军工牛市，有人就去买军工股，结果跌了，然后就会说你推荐的不行。任何事物都是螺旋形上升，就像跳舞一样一定会有一个节奏，而不是直线上升。

中国特色的第二大特点是国企改革。国企占有最好的资源、最好的员工、最好的社会资源整合能力，但有最差的生产关系。说白了就是公司利益、公司股价与个人没有关系，如果说你把业绩做高了，国资委会加码，但加码与你个人没有什么关系，所以国企长期处于僵持的阶段。

关于国企改革股买的时点，把握的时点一定是事件，在策略上我不建议过早地埋伏。国企改革没有确定下来的话，国企的效率是非常低的。过早的埋伏会面临很大的机会成本，同时消耗的过程会很难受。

作为一个有效的投资者，一定是在追求资金效率上做文章。而不是说我看好一只股票，提前几年等着。在我看来这不是一个注重风险、注重合理收益的投资者。

除了军工和国企改革，在A股中国特色里面，我建议重点关注具有广泛市场的新技术，比方说新能源、医疗、教育、TMT。因为中国的特色是人口众多，随着20世纪70年代中期实施计划生育，这批人已经年近40岁。未来20年，人口老龄化的问题带来医疗服务、医药、大数据的一些需求，TMT的市场是具有中国特色的，这样的特色是海外投资者难以理解的。

除了以上三点，我们还需关注的是金融创新。例如熊猫烟花，它主营业务表现一般，现在打互联网金融的概念，但作为一个案例，也是值得我们关注的。

还有一个中国特色是环保，关于环保我不做重点推荐。环保是中国最大的问题，但环保企业不挣钱，虽然接了很多工程，但利润被中间人关系户通过佣金、工程转包等方式转移走了。环保行业中可以关注一些有技术门槛的公司，但普通的环保我不做重点推荐。以上是我在长期看多的情况下，关于投资A股的两大主线。

如何取得高收益

美国已经六年大牛市，欧盟一盘散沙，日本已经没落，俄罗斯成为全世界新的矛盾中心。显然从资产配置、市场未来的成长、经济发展的动力来看，中国、印度这样的国家会成为推荐的亮点。从策略上讲看好美股的示范效应，也看好中国特色。一个是追随美股，一个是中国特色。在投资上，如果两个都看好，那么如何获得投资收益?

如何在资金有限、时间有限的情况下取得高收益，是每个投资者最关注的问题。这里涉及的理论和方法非常多，我想结合自己的情况，讲几个要点。这几个要点看起来非常简单，但对我非常有效，也是从业这么多年来的看家本领。这些方法不会适用于每个投资者，请大家注意。

我的第一个策略就是站在风口上。就是说你近期操作的一个理念，不能脱离三个月以内的热门话题和重点。这些热门话题和重点是资金和市场对准的目标。在追求大策略的情况下，你看到特斯拉在两个季度内股价涨了 50%，你可以想到新能源未来几个月内在 A 股里的表现。

这个时候你应该采取的策略是关注新能源。你可能会买不到龙头，比如说 2014 年你买不到万象，因为万象在 2014 年新能源里面是最猛的。这个时候你可以在风口里面找其他的股票。站在风口上，是追求投资收益的投资者必须关注的问题。

我特别不建议大家抛弃热点，而追求看起来没有风险的、资产价格也很低的长期的僵尸股。这个僵尸股和前面的国企改革的僵尸股不一样，我也不推荐买国企改革的僵尸股，但一旦国企改革确定下来，它将会成为黑马，那是另外一个概念。我这里说的是不要理睬大风来时的僵尸股。

第二点是注意节奏，投资一定要注意节奏。很多投资者对我说，为什么我买了以后就跌，抛了以后就涨。我告诉你，可能你买的股票是热门股，你是站在风口上，但是你的节奏不对。好比跳舞，你站在场上，音乐也响起了，但是你的节奏不对，结果你踩别人脚，被舞伴轰出去。

某个月我有 50% 的投资收益，回到我的投资理念上，一是因为我站在风口上，二是因为我踩着节奏。这里面有个小小的体会，就是我重点关注过去 10 天到 20 天之内有过涨停的股票，但不是前一天涨停的，它涨停之后有一个休整，休整过程中也没放量。休整之后第二次启动就是介入的时间点，也是我过去非常有效的一个投资策略。

这里面要强调的是过去 10 天或者最长 20 天以内涨停的，时间太长是没有意义的。实际上资金是很性急的，谁也不愿意在里面耗着的，如果买了以后没有表现，很多人会撤的，同时人气也就散了，股票是不会再起来的。最好买 10 天之内涨停经过休整再次启动的，同时也是站在风口中的股票，这样成功的概率会比较高。投资是一个游戏，你不可能每次投资都能获得收益，只要你赚多赔少，那你就是成功的。

为什么我说不买前一天涨停的股票，是因为我不强调过分追高。实际上对很多中小投资者来讲，当你得到消息时，已经是被过度解读的了，你买到的股票往往已经过了风口。当然这要结合大势，如果大势非常强劲你要追高，大势不强劲的话就回避。

很多人会说，买涨停经过休整二次启动的股票也不一定对。是的，不一定对，我买的有两种可能性，一涨，二跌。我想讲的是在上涨下跌的过程中，怎么在技术上处理自己的问题。每个人的情况、心理承受能力不一样。

接下来我讲一下我的策略。如果我买的股票上涨，那我会一直持有，直到它从最高价单日回撤6%，或者两天回撤7%，我把它止盈出掉。这个止盈都不是当天止盈，比方说我10元钱买的，涨到15元。从15元钱当天回撤6%，或两天回撤7%，我都是在第二天止盈。比方说当天回撤6%，第二天还不反弹还在跌，那我很快就出来了。如果第一天跌4%，第二天跌3%，如果在下午两点半之前还不反弹，那我也就处理走掉。所以我大部分抛股票的时间都是在下午，就是在下午两点半以后或早上10点以前，如果连跌两天不反弹，那我10点之前就处理掉了；如果跌了6%或7%，在两点半的时候还没往上拉，那我也处理掉。

这个可能会错，同时也要结合大势。如果大势比较强，就要调整策略，但是我觉得整体有一个止盈止损的话，就是我说的赚多赔少，效率会比较高，同时避免连续上涨后快速下跌。刚才说的是买了以后上涨，如果买了以后下跌，最多两天之内跌6%还没反弹，那就应该及时止损。所以在操作上我的策略是上涨不封顶，下跌一定要封顶，同时要注意波段。

我要强调的是，一般投资者一定要克服情绪，很多人说这个股基本面很好，买了以后跌了，但是基本面很好就一直持有。对此我非常反对。也就是我经常说的勿忘初衷。你买这只股票当时是基于什么买的，当时你基于某个事情买，这个事情发生后股票下跌或没有上涨，你一定要走。千万不要改变自己的初衷，不要短期变中期，中期变长期，这样你会亏很多钱。

以上是我的操作策略。总结来说，过去五年以来，我在资本市场上获得了几十倍的收益，主要基于三点：第一点是对大势的判断。第二点是选中热门行业，比如刚才提到的两大策略，一是采取追随美股的策略；二是深度挖掘中国特色；第三点在投资收益上注重资金效率，注重控制风险。正是基于这三点，我才能在资本市场上获得较好的收益，而且我认为这种模式可以持续，可以长久。

东方知行·书目（部分）

阿尔法工场:《跑赢不确定的未来》
郎咸平:《郎咸平说：中国经济的旧制度与新常态》
谢作诗:《人人都是“资本家”》
文贯中:《吾民无地：城市化、土地制度与户籍制度的内在逻辑》
贺雪峰:《城市化的中国道路》
贺雪峰:《回乡记：我们所看到的乡土中国》

马立诚:《最近四十年中国社会思潮》
刘军宁:《保守主义》
张　静:《法团主义》
李　强:《自由主义》
徐　迅:《民族主义》
俞可平:《社群主义》
任剑涛:《中国的现代国家构造》（即将出版）

张　鸣:《帝国的溃败》
伍立杨:《先觉者——在民国生逢其时与生不逢时》
李玉广:《微信民国：主角配角》

熊秉元:《优雅的理性：用经济学的眼光看世界》
熊秉元:《正义的成本：当法律遇上经济学》
熊秉元:《解释的工具：生活中的经济学原理》

王小妮:《1966年》
徐　迅:《陈寅恪与柳如是》
朱大可:《华夏上古神系》
杨连宁:《中国人为什么活得累》
高　昱:《人民需要放鞭炮》
陈国平:《光辉岁月：美国民权英雄心灵史》

……

图书在版编目（CIP）数据

跑赢不确定的未来 / 阿尔法工场著. — 北京：东方出版社，2015.5
ISBN 978-7-5060-8194-8

Ⅰ.①跑…　Ⅱ.①阿…　Ⅲ.①投资－基本知识　Ⅳ.①F830.59

中国版本图书馆CIP数据核字(2015)第106942号

跑赢不确定的未来
（PAOYING BUQUEDING DE WEILAI）

作　　者：阿尔法工场
责任编辑：黄晓玉　张军平
出　　版：东方出版社
发　　行：人民东方出版传媒有限公司
地　　址：北京市东城区朝阳门内大街166号
邮政编码：100706
印　　刷：三河市金泰源印务有限公司
版　　次：2015年9月第1版
印　　次：2015年9月第1次印刷
印　　数：1–6 000册
开　　本：880毫米×1230毫米　1/32
印　　张：10.25
字　　数：182千字
书　　号：ISBN 978-7-5060-8194-8
定　　价：49.00元
发行电话：（010）64258117　64258115　64258112